A Água e os Sonhos

Gaston Bachelard, filósofo e ensaísta francês, nasceu em Bar-sur-Aube em 1884. Trabalhou nos correios em Remiremont e em Paris. Licenciou-se em Matemática em 1912. Em 1920, obteve uma segunda licenciatura, em Letras, tendo-se doutorado em 1927. Foi professor da Universidade de Dijon e depois da Sorbonne, em Paris, onde permaneceu até 1954. No ano seguinte, entrou para a Academia das Ciências Morais e Políticas. Recebeu a Legião de Honra em 1951 e o Grande Prêmio Nacional das Letras em 1961. Morreu em Paris em 1962. Entre seus livros estão *A poética do devaneio*, *A terra e os devaneios da vontade* e *A terra e os devaneios do repouso*, todos publicados por esta Editora.

Gaston Bachelard
A Água e os Sonhos

Ensaio sobre a imaginação da matéria

SÃO PAULO 2018

Título original: L'EAU ET LES RÊVES.
Copyright © Librairie José Corti, 1942.
Copyright © 1989, Livraria Martins Fontes Editora Ltda.,
São Paulo, para a presente edição.

1ª edição *1989*
3ª edição *2018*

Tradução
ANTONIO DE PÁDUA DANESI

Revisão da tradução
Rosemary Costhek Abílio
Preparação do original
Flora Maria de Campos Fernandes
Revisão gráfica
Coordenação de Maurício Balthazar Leal
Produção gráfica
Geraldo Alves

Dados Internacionais de Catalogação na Publicação (CIP)
(Câmara Brasileira do Livro, SP, Brasil)

Bachelard, Gaston, 1884-1962.
 A água e os sonhos : ensaio sobre a imaginação da matéria / Gaston Bachelard ; [tradução Antonio de Pádua Danesi]. – 3ª ed. – São Paulo : Editora WMF Martins Fontes, 2018. – (Biblioteca do pensamento moderno)

Título original: L'eau et les rêves.
ISBN 978-85-469-0204-0

1. Água – Aspectos psicológicos 2. Água na literatura 3. Água (Psicologia) 4. Psicanálise 5. Sonhos 6. Sonhos na literatura I. Título. II. Série.

18-13521 CDD-155.91

Índices para catálogo sistemático:
1. Água : Interpretações psicológicas : Psicologia 155.91

Todos os direitos desta edição reservados à
Editora WMF Martins Fontes Ltda.
Rua Prof. Laerte Ramos de Carvalho, 133 01325-030 São Paulo SP Brasil
Tel. (11) 3293-8150 Fax (11) 3101-1042
e-mail: info@wmfmartinsfontes.com.br http://www.wmfmartinsfontes.com.br

ÍNDICE

Introdução — Imaginação e matéria 1

I. As águas claras, as águas primaveris e as águas correntes. As condições objetivas do narcisismo. As águas amorosas 21

II. As águas profundas — As águas dormentes — As águas mortas. "A água pesada" no devaneio de Edgard Poe 47

III. O complexo de Caronte. O complexo de Ofélia 73

IV. As águas compostas 97

V. A água maternal e a água feminina 119

VI. Pureza e purificação. A moral da água 139

VII. A supremacia da água doce 157

VIII. A água violenta 165

Conclusão — A palavra da água 193

INTRODUÇÃO

IMAGINAÇÃO E MATÉRIA

> Ajudemos a hidra a esvaziar seu nevoeiro.
>
> Mallarmé, *Divagations*, p. 352

I

As forças imaginantes da nossa mente desenvolvem-se em duas linhas bastante diferentes.

Umas encontram seu impulso na novidade; divertem-se com o pitoresco, com a variedade, com o acontecimento inesperado. A imaginação que elas vivificam tem sempre uma primavera a descrever. Na natureza, longe de nós, já vivas, elas produzem flores.

As outras forças imaginantes escavam o fundo do ser; querem encontrar no ser, ao mesmo tempo, o primitivo e o eterno. Dominam a época e a história. Na natureza, em nós e fora de nós, elas produzem germes; germes em que a forma está encravada numa substância, em que a *forma é interna*.

Expressando-nos filosoficamente desde já, poderíamos distinguir duas imaginações: uma imaginação que dá vida à causa formal e uma imaginação que dá vida à causa material; ou, mais brevemente, a *imaginação formal* e a *imaginação material*. Estes últimos conceitos, expressos de forma abreviada, parecem-nos efetivamente indispensáveis a um estudo filosófico completo da criação poética. É necessário que uma causa sentimental, uma causa do coração se torne uma causa formal para que a obra tenha a variedade do verbo, a vida cambiante da luz. Mas, além das imagens da forma, tantas vezes lembradas pelos psicólogos da imaginação, há — conforme mostraremos — imagens da matéria, imagens *diretas* da *matéria*. A vista lhes dá nome, mas a mão as conhece. Uma alegria dinâmica as maneja, as modela, as torna mais leves. Essas imagens da matéria, nós as sonhamos substancialmente, intimamente, afastando as formas, as formas perecíveis, as vãs imagens, o devir das superfícies. Elas têm um peso, são um coração.

Sem dúvida, há obras em que as duas forças imaginantes atuam juntas. É mesmo impossível separá-las completamente. O devaneio mais móvel, mais metamorfoseante, mais totalmente entregue às formas, guarda ainda assim um lastro, uma densidade, uma lentidão, uma germinação. Em compensação, toda obra poética que mergulha muito profundamente no germe do ser para encontrar a sólida constância e a bela monotonia da matéria, toda obra poética que adquire suas forças na ação vigilante de uma causa substancial deve, mesmo assim, florescer, adornar-se. Deve acolher, para a primeira sedução do leitor, as exuberâncias da beleza formal.

Em vista dessa necessidade de seduzir, a imaginação trabalha mais geralmente onde vai a alegria — ou pelo menos onde vai uma alegria! —, no sentido das formas e das cores, no sentido das variedades e das metamorfoses, no sentido de um porvir da superfície. Ela deserta a profundidade, a intimidade substancial, o volume.

Entretanto, é sobretudo à imaginação íntima dessas forças vegetantes e materiais que gostaríamos de dedicar nossa atenção nesta obra. Só um filósofo iconoclasta pode empreender esta pesada tarefa: discernir todos os sufixos da beleza, tentar encontrar, por trás das imagens que se mostram, as imagens que se ocultam, ir à própria raiz da força imaginante.

No fundo da matéria cresce uma vegetação obscura; na noite da matéria florescem flores negras. Elas já têm seu veludo e a fórmula de seu perfume.

II

Quando começamos a meditar sobre a noção de beleza da matéria, ficamos imediatamente impressionados com a carência da *causa material* na filosofia estética. Pareceu-nos, em particular, que se subestimava o poder individualizante da matéria. Por que se associa sempre a noção de indivíduo à de forma? Não haverá uma individualidade em profundidade que faz com que a matéria seja, em suas menores parcelas, sempre uma totalidade? Meditada em sua perspectiva de profundidade, uma matéria é precisamente o princípio que pode se desinteressar das formas. Não é o simples déficit de uma atividade formal. Continua sendo ela mesma, a despeito de qualquer deformação, de qualquer fragmentação. A matéria, aliás, se deixa valorizar em dois sentidos: no sentido do aprofundamento e no sentido do impulso. No sentido do aprofundamento, ela aparece como insondável, como um mistério. No sentido do impulso, surge como uma força inexaurível, como um milagre. Em ambos os casos, a meditação de uma matéria educa uma *imaginação aberta*.

Só quando tivermos estudado as formas, atribuindo-as à sua exata matéria, é que poderemos considerar uma doutrina completa da imaginação humana. Poderemos então perceber que a imagem é uma planta que necessita de terra e de céu, de substância e de forma. As imagens encontradas pelos homens evoluem lentamente, com dificuldade, e compreende-se a profunda observação de Jacques Bousquet: "Uma imagem custa tanto trabalho à humanidade quanto uma característica nova à planta." Muitas imagens esboçadas não podem viver porque são meros jogos formais, porque não estão realmente adaptadas à matéria que devem ornamentar.

Acreditamos, pois, que uma doutrina filosófica da imaginação deve antes de tudo estudar as relações da causalidade material com a causalidade formal. Esse problema se coloca tanto para o poeta como para o escultor. As imagens poéticas têm, também elas, uma matéria.

III

Já examinamos esse problema. Em *La psychanalyse du feu*, propusemos marcar os diferentes tipos de imaginação pelo signo dos *elementos materiais* que inspiraram as filosofias tradicionais e as cosmologias antigas. Com efeito, acreditamos possível estabelecer, no reino da imaginação, uma *lei dos quatro elementos*, que classifica as diversas imaginações materiais conforme elas se associem ao fogo, ao ar, à água ou à terra. E, se é verdade, como acreditamos, que toda poética deve receber componentes — por fracos que sejam — de essência material, é ainda essa classificação pelos elementos materiais fundamentais que deve aliar mais fortemente as almas poéticas. Para que um devaneio tenha prosseguimento com bastante constância para resultar em uma obra escrita, para que não seja simplesmente a disponibilidade de uma hora fugaz, é preciso que ele encontre sua *matéria*, é preciso que um elemento material lhe dê sua própria substância, sua própria regra, sua poética específica. E não é à toa que as filosofias primitivas faziam com freqüência, nesse caminho, uma opção decisiva. Associavam a seus princípios formais um dos quatro elementos fundamentais, que se tornavam assim marcas de *temperamentos filosóficos*. Nesses sistemas filosóficos, o pensamento erudito está ligado a um devaneio material primitivo, a sabedoria tranqüila e permanente se enraíza numa constância substancial. E, se essas filosofias simples e poderosas conservam ainda fontes de convicção, é porque ao estudá-las encontramos forças imaginantes totalmente naturais. É sempre a mesma coisa: na ordem da filosofia, só se persuade bem sugerindo devaneios fundamentais, restituindo aos pensamentos sua avenida de sonhos.

Mais ainda que os pensamentos claros e as imagens conscientes, os sonhos estão sob a dependência dos quatro elementos fundamentais. Foram numerosos os ensaios que ligaram a doutrina dos quatro elementos materiais aos quatro temperamentos orgânicos. Assim é que um velho autor, Lessius, escreve em *L'art de vivre longtemps* (p. 54): "Os sonhos dos biliosos são de fogo, de incêndios, de guerras, de assassínios; os dos melancólicos, de enterros, de sepulcros, de espectros, de fugas, de fossas, de tudo quanto é triste; os dos pituitosos, de lagos, de rios, de inundações, de naufrágios; os dos sanguíneos, de vôos de pássaros, de corridas, de festins, de concertos e até mesmo de coisas que não ousamos nomear." Por conseguinte, os biliosos, os melancólicos, os pituitosos e os sanguíneos serão respectivamente caracterizados pelo fogo, a terra, a água e o ar. Seus sonhos trabalham de preferência o elemento material que os caracteriza. Se admitirmos que a um erro biológico sem dúvida manifesto mas bem geral pode corresponder uma verdade onírica profunda, estaremos prontos a interpretar os sonhos *materialmente*. Ao lado da psicanálise dos sonhos, então, deverá figurar uma psicofísica e uma psicoquímica dos sonhos. Essa psicanálise bastante materialista se juntará aos velhos preceitos que queriam fossem as *doenças elementares* curadas pelas *medicinas elementares*. O elemento material é determinante para a doença como para a cura. Sofremos pelos sonhos e curamo-nos pelos sonhos. Na cosmologia do sonho, os elementos materiais permanecem como os elementos fundamentais.

De um modo geral, acreditamos que a psicologia das emoções estéticas ganharia com o estudo da zona dos devaneios materiais que antecedem à contemplação. Sonha-se antes de contemplar. Antes de ser um espetáculo consciente, toda paisagem é uma experiência onírica. Só olhamos com uma paixão estética as paisagens que vimos antes em sonho. E é com razão que Tieck reconheceu no sonho humano o preâmbulo da beleza natural. A unidade de uma paisagem se oferece como a realização de um sonho muitas vezes sonhado, "wie die Erfüllung eines oft getraumten Traums" (L. Tieck, *Werke*, t. V, p. 10). Mas a paisagem onírica não é um quadro que se povoa de impressões, é uma matéria que pulula.

Compreende-se assim que a um elemento material como o fogo se possa associar um tipo de devaneio que comanda as crenças, as paixões, o ideal, a filosofia de toda uma vida. Há um sentido em falar da estética do fogo, da psicologia do fogo e mesmo da moral do fogo. Uma poética e uma filosofia do fogo condensam todos esses ensinamentos. Ambas constituem esse prodigioso ensinamento ambivalente que respalda as convicções do coração pelas instruções da realidade e que, vice-versa, faz compreender a vida do universo pela vida do nosso coração.

Todos os demais elementos prodigalizam semelhantes certezas ambivalentes. Sugerem confidências secretas e mostram imagens resplandecentes. Todos os quatro têm seus fiéis, ou, mais exatamente, cada um deles é já profundamente, materialmente, um *sistema de fidelidade poética*. Ao cantá-los, acreditamos ser fiéis a uma imagem favorita, quando na verdade estamos sendo fiéis a um sentimento humano primitivo, a uma realidade orgânica primordial, a um temperamento onírico fundamental.

IV

Teremos, acreditamos nós, a confirmação dessa tese na presente obra, onde estudaremos as imagens substanciais da água, onde faremos a psicologia da "imaginação material" da água — elemento mais feminino e mais uniforme que o fogo, elemento mais constante que simboliza com as forças humanas mais escondidas, mais simples, mais simplificantes. Em razão dessa simplicidade e dessa simplificação, nossa tarefa será aqui mais difícil e mais monótona. Os documentos poéticos são bem menos numerosos e mais pobres. Os poetas e sonhadores são por vezes mais divertidos que seduzidos pelos jogos superficiais das águas. A água é, então, um ornamento de suas paisagens; não é verdadeiramente a "substância" de seus devaneios. Para falar como filósofo, os poetas da água "participam" menos da realidade aquática da natureza que os poetas que ouvem o apelo do fogo ou da terra.

Para bem distinguir essa "participação" que é a própria essência do pensamento das águas, do *psiquismo hidrante*, teremos, pois, necessidade de nos debruçar sobre exemplos raríssimos. Mas, se pudermos convencer nosso leitor de que existe, sob as imagens superficiais da água, uma série de imagens cada vez mais profundas, cada vez mais tenazes, ele não tardará a sentir, em suas próprias contemplações, uma simpatia por esse aprofundamento; verá abrir-se, sob a imaginação das formas, a imaginação das substâncias. Reconhecerá na água, na substância da água, *um tipo de intimidade*, intimidade bem diferente das que as "profundezas" do fogo ou da pedra sugerem. Deverá reconhecer que a imaginação material da água é um tipo particular de imaginação. Fortalecido com esse conhecimento de uma profundidade num elemento material, o leitor compreenderá enfim que a água é também um *tipo de destino*, não mais apenas o vão destino das imagens fugazes, o vão destino de um sonho que não se acaba, mas um destino essencial que metamorfoseia incessantemente a substância do ser. Por isso o leitor compreenderá com mais simpatia, mais dolorosamente, uma das características do heraclitismo. Verá que o mobilismo heraclitiano é uma filosofia *concreta*, uma filosofia *total*. Não nos banhamos duas vezes no mesmo rio, porque, já em sua profundidade, o ser humano tem o destino da água que corre. A água é realmente o elemento transitório. É a metamorfose ontológica essencial entre o fogo e a terra. O ser votado à água é um ser em vertigem. Morre a cada minuto, alguma coisa de sua substância desmorona constantemente. A morte cotidiana não é a morte exuberante do fogo que perfura o céu com suas flechas; a morte cotidiana é a morte da água. A água corre sempre, a água cai sempre, acaba sempre em sua morte horizontal. Em numerosos exemplos veremos que para a imaginação materializante a morte da água é mais sonhadora que a morte da terra: o sofrimento da água é infinito.

V

Antes de apresentar o plano global do nosso estudo, gostaríamos de explicar-nos sobre o seu título, pois essa explicação deve esclarecer o nosso objetivo.

Embora a presente obra seja um novo exemplo, após *La psychanalyse du feu*, da lei dos quatro elementos poéticos, não mantivemos o título *A psicanálise da água*, que poderia fazer simetria com nosso ensaio anterior. Escolhemos um título mais vago: *A água e os sonhos*. Isso por um dever de sinceridade. Para falar de psicanálise, é preciso ter classificado as imagens originais sem deixar a nenhuma delas o vestígio de seus primeiros privilégios; é preciso ter designado, e depois desunido, complexos que por muito tempo ligaram desejos a sonhos. Temos a impressão de havê-lo feito em nossa *Psicanálise do fogo*. Pode-se estranhar que um filósofo racionalista dedique tanta atenção a ilusões e erros e que sinta incessantemente a necessidade de representar os valores racionais e as imagens claras como retificações de dados falsos. Na verdade, não vemos a menor solidez numa racionalidade natural, imediata, elementar. Não nos·instalamos de chofre no conhecimento racional; não oferecemos de imediato a justa perspectiva das imagens fundamentais. Racionalista? Tentamos *tornar-nos* isso, não apenas no conjunto de nossa cultura, mas nos detalhes de nossos pensamentos, na ordem pormenorizada de nossas imagens familiares. E é assim que, por uma psicanálise do conhecimento objetivo e do conhecimento por imagens, tornamo-nos racionalista em relação ao fogo. A sinceridade obriga-nos a confessar que não logramos a mesma retificação no tocante à água. As imagens da água, nós as vivemos ainda, vivemo-las sinteticamente em sua complexidade primordial, dando-lhes muitas vezes a nossa adesão irracional.

Reencontro sempre a mesma melancolia diante das águas dormentes, uma melancolia muito especial que tem a cor de um charco numa floresta úmida, uma melancolia sem opressão, sonhadora, lenta, calma. Um detalhe ínfimo da vida das águas converte-se freqüentemente, para mim, em símbolo psicológico essencial. Assim o cheiro da menta aquática acorda em mim uma espécie de correspondência ontológica que me faz acreditar que a vida é um simples aroma, que a vida emana do ser como um cheiro emana da substância, que a planta do riacho deve ressumar a alma da água... Se eu tivesse que reviver por minha conta o mito filosófico da estátua de Condillac, que encontra o primeiro universo e a primeira consciência nos cheiros, em vez de dizer como ela: "Sou cheiro de rosa", eu deveria dizer: "sou primeiro cheiro de menta, cheiro da menta das águas". Pois o ser é antes de tudo um despertar, e ele desperta na consciência de uma impressão extraordinária. O indivíduo não é a soma de suas impressões gerais, é a soma de suas impressões singulares. Assim se criam em nós os *mistérios familiares*, que se designam em *raros símbolos*. Foi perto da água e de suas flores que melhor compreendi ser o devaneio um universo em emanação, um alento odorante que se evola das coisas pela mediação de um sonhador. Se quero estudar a vida das imagens da água, preciso, portanto, devolver ao rio e às fontes de minha terra seu papel principal.

Nasci numa região de riachos e rios, num canto da Champagne povoado de várzeas, no Vallage, assim chamado por causa do grande número de seus vales. A mais bela das moradas estaria para mim na concavidade de um pequeno vale, às margens da água corrente, à sombra curta dos salgueiros e dos vimeiros. E, quando outubro chegasse, com suas brumas sobre o rio...

Meu prazer é ainda acompanhar o riacho, caminhar ao longo das margens, no sentido certo, no sentido da água que corre, da água que leva a vida alhures, à povoação vizinha. Meu "alhures" não vai mais longe. Tinha quase trinta anos quando vi o Oceano pela primeira vez. Assim, neste livro, falarei mal do mar, falarei dele indiretamente, ouvindo o que dizem os livros dos poetas, falarei dele permanecendo sob a influência dos clichês escolares relativos ao infinito. No tocante ao meu devaneio, não é o infinito que encontro nas águas, mas a profundidade. Aliás, não diz Baudelaire que seis a sete léguas representam para o homem que sonha diante do mar o raio do infinito? (*Journaux intimes*, p. 79) O Vallage tem dezoito léguas de comprimento e doze de largura. É, pois, um mundo. Não o conheço inteiro: não segui todos os seus rios.

Mas a terra natal é menos uma extensão que uma matéria; é um granito ou uma terra, um vento ou uma seca, uma água ou uma luz. É nela que materializamos os nossos devaneios; é por ela que nosso sonho adquire sua exata substância; é a ela que pedimos nossa cor fundamental. Sonhando perto do rio, consagrei minha imaginação à água, à água verde e clara, à água que enverdece os prados. Não posso sentar perto de um riacho sem cair num devaneio profundo, sem rever a minha ventura... Não é preciso que seja o riacho da nossa casa, a água da nossa casa. A água anônima sabe todos os segredos. A mesma lembrança sai de todas as fontes.

Temos outra razão, menos sentimental, menos pessoal, para não dar ao nosso estudo o título: a psicanálise da água. Com efeito, no presente livro não desenvolvemos sistematicamente, como seria preciso numa psicanálise profunda, o caráter organicista das imagens materializadas. Os primeiros interesses psíquicos que deixam traços indeléveis em nossos sonhos são interesses orgânicos. A primeira convicção calorosa é um bem-estar corporal. É na carne, nos órgãos, que nascem as imagens materiais primordiais. Essas primeiras imagens materiais são dinâmicas, ativas; estão ligadas a vontades simples, espantosamente rudimentares. A psicanálise provocou muitas revoltas quando falou da *libido* infantil. Talvez se compreendesse melhor a ação dessa *libido* se lhe devolvêssemos sua forma confusa e geral, se a ligássemos a todas as funções orgânicas. A *libido* surgiria então como solidária com todos os desejos, todas as necessidades. Seria considerada como uma dinâmica do apetite e encontraria seu apaziguamento em todas as impressões de bem-estar. Uma coisa é certa, em todo caso: o devaneio na criança é um devaneio materialista. A criança é um materialista nato. Seus primeiros sonhos são os sonhos das substâncias orgânicas.

Horas há em que o sonho do poeta criador é tão profundo, tão natural que ele reencontra, sem perceber, as imagens de sua carne infantil. Os poemas cuja raiz é tão profunda têm quase sempre um poder singular. Uma força os atravessa, e o leitor, sem pensar nisso, participa dessa força original. Ele já não vê sua origem. Eis duas páginas onde se revela a sinceridade orgânica de uma imagem primordial:

> *Conhecendo minha própria quantidade,*
> *Sou eu, e puxo, e chamo todas as minhas raízes, o Ganges, o Mississípi,*
> *O espesso tufo do Orenoco, o longo fio do Reno, o Nilo com sua dupla bexiga...* [1]

Assim vai a abundância... Nas lendas populares, inumeráveis são os rios que provêm da micção de um gigante. Gargântua também inundou os campos franceses ao acaso de todos os seus passeios.

Se a água se torna preciosa, torna-se seminal. Então ela é cantada com mais mistério. Só a psicanálise organicista pode esclarecer uma imagem confusa como esta:

> *E, como a gota seminal fecunda a figura matemática, repartindo*
> *A isca fervilhante dos elementos de seu teorema,*
> *Assim o corpo de glória deseja sob o corpo de barro, e a noite*
> *ser dissolvida na visibilidade.* [2]

Uma gota de água poderosa basta para criar um mundo e para dissolver a noite. Para sonhar o poder, necessita-se apenas de uma gota imaginada em profundidade. A água assim dinamizada é um embrião; dá à vida um impulso inesgotável.

De igual modo, numa obra tão idealizada como a de Edgar Poe, Marie Bonaparte descobriu o significado orgânico de numerosos temas. Ela fornece inúmeras provas do caráter fisiológico de certas imagens poéticas.

Para descer tão fundo às raízes da imaginação orgânica, para escrever embaixo da psicologia da água uma fisiologia da água onírica, não nos sentimos suficientemente preparados. Seria preciso uma cultura médica e sobretudo uma grande experiência

---
1. Paul Claudel, *Cinq grandes odes*, p.49.
2. Id., ibid., p. 64.

das neuroses. No que nos diz respeito, para conhecer o homem dispomos apenas da leitura, da maravilhosa leitura que julga o homem de acordo com o que ele escreve. Do homem, o que amamos acima de tudo é o que dele se pode escrever. O que não pode ser escrito merece ser vivido? Tivemos, pois, de nos contentar com o estudo da imaginação material *enxertada* e limitamo-nos quase sempre a estudar os diferentes ramos da imaginação materializante *acima do enxerto* quando uma cultura deixou sua marca numa natureza.

Aliás, não se trata aqui, para nós, de uma simples metáfora. O *enxerto* nos aparece, ao contrário, como um conceito essencial para a compreensão da psicologia humana. Ele é, a nosso ver, o signo humano, o signo necessário para especificar a imaginação humana. Aos nossos olhos, a humanidade imaginante é um *além* da natureza naturante. Só o enxerto pode dar realmente à imaginação material a exuberância das formas. É o enxerto que pode transmitir à imaginação formal a riqueza e a densidade das matérias. Obriga a planta selvagem a florescer e dá matéria à flor. Fora de qualquer metáfora, é necessária a união de uma atividade sonhadora e de uma atividade ideativa para produzir uma obra poética. A arte é natureza enxertada.

Logicamente, em nosso estudo sobre as imagens, quando tivermos reconhecido uma seiva mais longínqua, nós a teremos assinalado de passagem. É mesmo muito raro que não tenhamos descortinado origens orgânicas para imagens muito idealizadas. Mas isso não bastaria para que nosso estudo merecesse ser colocado na categoria de uma psicanálise exaustiva. Nosso livro permanece, pois, como um ensaio de estética literária. Tem ele o duplo objetivo de determinar a substância das imagens poéticas e a adequação das formas às matérias fundamentais.

VI

Eis agora o plano geral do nosso estudo.

Para bem mostrar o que é um eixo da imaginação materialista, começaremos por imagens que *materializam* mal; envocaremos imagens superficiais, imagens que atuam na superfície do elemento, sem deixar à imaginação tempo para trabalhar a matéria. Nosso primeiro capítulo será dedicado às águas claras, às águas brilhantes que fornecem imagens fugidias e fáceis. Entretanto, faremos sentir que, em vista da unidade do elemento, tais imagens se ordenam e se organizam. Faremos então prever a passagem de uma poesia das águas para uma metapoética da água, a passagem de um plural para um singular. Para tal metapoética, a água já não é apenas um *grupo* de imagens conhecidas numa contemplação errante, numa seqüência de devaneios interrompidos, instantâneos; é um *suporte* de imagens e logo depois um *aporte* de imagens, um princípio que fundamenta as imagens. A água torna-se assim, pouco a pouco, uma contemplação que se aprofunda, um elemento da imaginação materializante. Noutras palavras, os poetas distraídos vivem como uma água anual, como uma água que vai da primavera ao inverno e que reflete facilmente, passivamente, levemente, todas as estações do ano. Mas o poeta mais profundo encontra a água viva, a água que renasce de si, a água que não muda, a água que marca com seu signo indelével as suas imagens, a água que é um órgão do mundo, um alimento dos fenômenos corredios, o elemento vegetante, o elemento lustrante, o corpo das lágrimas...

Mas, repitamos, é permanecendo bastante tempo na superfície irisada que compreenderemos o preço da profundidade. Tentaremos, pois, especificar certos princípios de coesão que unificam as imagens superficiais. Veremos, em particular, como o narcisismo do ser individual se enquadra gradualmente num verdadeiro narcisismo cósmico. No fim do capítulo estudaremos também um ideal fácil de brancura e graça que caracterizaremos sob o nome de *complexo do cisne*. As águas amorosas e leves encontram aí um símbolo bem fácil de psicanalisar.

Portanto, só no segundo capítulo — onde estudaremos o principal ramo da metapoética de Edgar Poe — é que estaremos certos de atingir o *elemento*, a água substancial, a água sonhada em sua substância.

Há uma razão para essa certeza. É que às matérias originais em que se instrui a imaginação material ligam-se ambivalências profundas e duradouras. E essa propriedade psicológica é tão constante que se pode enunciar, como uma lei primordial da imaginação, a sua recíproca: *uma matéria que a imaginação não pode fazer viver duplamente não pode desempenhar o papel psicológico de matéria original.* Uma matéria que não é uma ocasião de ambivalência psicológica não pode encontrar o seu *duplo poético* que permite transposições sem fim. Por conseguinte, é necessário haver *dupla participação* — participação do desejo e do medo, participação do bem e do mal, participação tranqüila do branco e do preto — para que o *elemento material* envolva a alma inteira. Ora, veremos o maniqueísmo do devaneio mais nítido que nunca quando Edgar Poe medita diante dos rios e dos lagos. É pela água que Poe, o idealista, Poe, o intelectual e o lógico, retoma contato com a matéria irracional, com a matéria "atormentada", com a matéria misteriosamente viva.

Estudando as obras de Edgar Poe, teremos então um bom exemplo da dialética cuja necessidade para a vida ativa da linguagem foi bem compreendida por Claude-Louis Estève: "Se é preciso dessubjetivar o mais possível a lógica e a ciência, é não menos indispensável, em contrapartida, desobjetivar o vocabulário e a sintaxe."[3] Por falta dessa desobjetivação dos objetos, por falta dessa deformação das formas que nos permite ver a matéria sob o objeto, o mundo se dispersa em coisas díspares, em sólidos imóveis e inertes, em objetos estranhos a nós mesmos. A alma sofre então de um déficit de imaginação material. A água, agrupando as imagens, dissolvendo as substâncias, ajuda a imaginação em sua tarefa de desobjetivação, em sua tarefa de assimilação. Proporciona também um tipo de sintaxe, uma ligação contínua das imagens, um suave movimento das imagens que libera o devaneio preso aos objetos. É assim que a água elementar da metapoética de Edgar Poe coloca um universo em movimento singular. Ela simboliza um heraclitismo lento, suave e silencioso como o óleo. A água experimenta então como que uma perda de velocidade, que é uma perda de vida; torna-se uma espécie de mediador plástico entre a vida e a morte. Lendo Poe, compreendemos mais intimamente a estranha vida das águas mortas, e a linguagem ensina a mais terrível das sintaxes, a sintaxe das coisas que morrem, a vida que morre.

Para bem caracterizar essa sintaxe de um devir e das coisas, essa tripla sintaxe da vida, da morte e da água, propomos consi-

---

3. Claude-Louis Estève, *Études philosophiques sur l'expression littéraire*, p. 192.

derar dois complexos que chamamos de *complexo de Caronte* e *complexo de Ofélia*. Reunimo-los num mesmo capítulo porque ambos simbolizam o pensamento da nossa última viagem e da nossa dissolução final. Desaparecer na água profunda ou desaparecer num horizonte longínquo, associar-se à profundidade ou à infinidade, tal é o destino humano que extrai sua imagem do destino das águas.

Quando tivermos assim determinado as características superficiais e as características profundas da *água imaginária*, poderemos tentar estudar a composição desse elemento com outros elementos da imaginação material. Veremos que certas formas poéticas se nutrem de uma dupla matéria; que um duplo materialismo trabalha freqüentemente a imaginação material. Em certos devaneios, parece que todo elemento busca um casamento ou um combate, aventuras que o apazigúem ou o excitem. Em outros devaneios, a água imaginária nos aparecerá como o elemento das transações, como o esquema fundamental das misturas. Eis por que daremos especial atenção à combinação da água com a terra, combinação que encontra na massa o seu pretexto realista. A massa é então o esquema fundamental da materialidade. A própria noção de matéria, acreditamos, está estreitamente ligada à noção de massa. Seria mesmo preciso partir de um longo estudo da amassadura e da modelagem para estabelecer corretamente as relações reais, experimentais, entre a causa formal e a causa material. Uma mão ociosa e acariciante que percorre linhas bem feitas, que inspeciona um trabalho concluído, pode ficar encantada com uma geometria fácil. Ela conduz a uma filosofia de um filósofo que *vê* o operário trabalhar. No reino da estética, essa visualização do trabalho concluído leva naturalmente à supremacia da imaginação formal. Ao contrário, a mão trabalhadora e imperiosa aprende a dinamogenia essencial do real ao trabalhar uma matéria que, ao mesmo tempo, resiste e cede como uma carne amante e rebelde. Acumula assim todas as ambivalências. Tal mão que trabalha tem necessidade da exata mistura de terra e água para bem compreender o que é uma matéria capaz de uma forma, uma substância capaz de uma vida. Para o inconsciente do homem que amassa, o esboço é o embrião da obra, a argila é a mãe do bronze. Por isso nunca será demais insistir, para a compreensão da psicologia do inconsciente criador, nas experiências da fluidez, da maleabilidade. Na experiência das massas, a água surgirá claramente como a matéria dominadora. É nela que pensaremos quando desfrutarmos, graças a ela, da docilidade da argila. A fim de mostrar a aptidão da água para *compor-se* com outros elementos, estudaremos outras composições, mas deveremos lembrar que o verdadeiro tipo da composição é, para a imaginação material, a composição da água com a terra.

Quando tivermos compreendido que toda combinação dos elementos materiais é, para o inconsciente, um casamento, poderemos perceber o caráter quase sempre *feminino* atribuído à água pela imaginação ingênua e pela imaginação poética. Veremos também a profunda *maternidade* das águas. A água faz incharem os vermes e jorrarem as fontes. A água é uma matéria que vemos nascer e crescer em toda parte. A fonte é um nascimento irresistível, um nascimento *contínuo*. Imagens tão grandiosas marcam para sempre o inconsciente que as ama. Suscitam devaneios sem fim. Num capítulo especial tentaremos mostrar como essas imagens impregnadas de mitologia continuam a animar naturalmente as obras poéticas.

Uma imaginação que se liga inteiramente a uma matéria específica é facilmente valorizante. A água é objeto de uma das maiores valorizações do pensamento humano: a valorização da pureza. Que seria da idéia de pureza sem a imagem de uma água límpida e cristalina, sem esse belo pleonasmo que nos fala de uma *água pura*? A água acolhe todas as imagens da pureza. Procuramos, pois, colocar em ordem todas as razões que fundamentam o poder desse simbolismo. Temos aqui um exemplo de uma espécie de *moral natural* ensinada pela meditação de uma substância fundamental.

Em ligação com esse problema de pureza ontológica, pode-se compreender a supremacia, que todos os mitólogos reconheceram, da água doce sobre a água dos mares. Dedicamos um breve capítulo a essa valorização. Pareceu-nos que esse capítulo era necessário para reconduzir a mente à consideração das substâncias. Só compreenderemos bem a doutrina da imaginação material quando tivermos restabelecido o equilíbrio entre as *experiências* e os *espetáculos*. Os raros livros de estética que tratam da *beleza concreta*, da beleza das substâncias, não raro apenas afloram o problema efetivo da imaginação material. Daremos um único exemplo. Em sua *Estética*, Max Schasler se propõe estudar "die konkrete Naturschönheit". Dedica apenas dez páginas aos elementos, três delas à água, e é do infinito dos mares que trata o parágrafo central. Seria portanto muito conveniente insistir nos devaneios relacionados com as águas naturais mais comuns, as águas que não têm necessidade de infinito para prender o sonhador.

Nosso último capítulo abordará o problema da psicologia da água por caminhos muito diferentes. Esse capítulo não será propriamente um estudo da *imaginação material*, mas um estudo da *imaginação dinâmica*, à qual esperamos dedicar outra obra. O capítulo intitula-se *A água violenta*.

A princípio, em sua violência, a água assume uma cólera específica, ou seja, a água recebe facilmente todas as características psicológicas de um *tipo de cólera*. Essa cólera, o homem se gaba rapidamente de domá-la. Por isso, a água violenta é logo em seguida a água que violentamos. Um duelo de maldade tem início entre o homem e as ondas. A água assume um rancor, muda de sexo. Tornando-se má, torna-se masculina. Eis, de um modo novo, a conquista de uma dualidade inserida no elemento, novo signo do valor original de um elemento da imaginação material!

Mostraremos, portanto, a vontade de ataque que anima o homem que nada, depois a desforra da onda, o fluxo e o refluxo da cólera que ribomba e repercute. Perceberemos a dinamogenia especial que o ser humano adquire na freqüentação das águas violentas. Este será um novo exemplo do organicismo fundamental da imaginação. Reencontraremos assim essa *imaginação muscular* cuja ação já assinalamos na metapoética energética de Lautréamont. Mas, no contato com a água, no contato com o elemento material, essa imaginação natural aparecerá ao mesmo tempo como mais natural e mais humana que a imaginação animalizada de Lautréamont. Essa será, então, uma prova a mais do caráter direto dos símbolos formados na contemplação dos elementos pela imaginação material.

Como em todo o decorrer de nossa obra faremos questão de sublinhar, com uma insistência talvez cansativa, os temas da imaginação material, não teremos necessidade de resumi-los em nossa conclusão. Dedicaremos essa conclusão quase exclusivamente ao mais extremo dos nossos paradoxos. Este consistirá em provar que as vozes da água quase não são metafóricas, que a linguagem das águas é uma realidade poética direta, que os regatos e os rios *sonorizam* com estranha fidelidade as paisagens mudas, que as águas ruidosas ensinam os pássaros e os homens a cantar, a falar, a repetir, e que há, em suma, uma continuidade entre a palavra da água e a palavra humana. Inversamente, insistiremos no fato muito pouco observado de que organicamente a linguagem humana tem uma *liquidez*, um caudal no conjunto, uma água nas consoantes. Mostraremos que essa *liquidez* dá uma excitação psíquica especial, uma excitação que já evoca as imagens da água.

Desse modo a água nos aparecerá como um ser total: tem um corpo, uma alma, uma voz. Mais que nenhum outro elemento talvez, a água é uma realidade poética completa. Uma poética da água, apesar da variedade de seus espetáculos, tem a garantia de uma unidade. A água deve sugerir ao poeta uma obrigação nova: a *unidade de elemento*. Na falta dessa unidade de elemento, a imaginação material não é satisfeita e a imaginação formal não basta para ligar os traços díspares. A obra carece de vida porque carece de substância.

VII

Queremos, enfim, fechar esta introdução geral fazendo algumas observações acerca da natureza dos exemplos escolhidos para sustentar nossas teses.

A maioria desses exemplos são tirados da poesia. É que, a nosso ver, toda psicologia da imaginação não se pode esclarecer *atualmente* senão pelos poemas que ela inspira [4]. A imaginação

---

4. Em particular, a *história* da psicologia da água não é o nosso assunto. Ele é tratado na obra de Martin Ninck, *Die Bedeutung des Wassers im Kult und Leben der Alten, Eine symbolgeschichtliche Untersuchung*, Philologus, 1921.

não é, como sugere a etimologia, a faculdade de formar imagens da realidade; é a faculdade de formar imagens que ultrapassam a realidade, que *cantam* a realidade. É uma faculdade de sobre-humanidade. Um homem é um homem na proporção em que é um super-homem. Deve-se definir um homem pelo conjunto das tendências que o impelem a ultrapassar a *humana condição*. Uma psicologia da mente em ação é automaticamente a psicologia de uma mente excepcional, a psicologia de uma mente tentada pela exceção: a imagem nova enxertada numa imagem antiga. A imaginação inventa mais que coisas e dramas; inventa vida nova, inventa mente nova; abre olhos que têm novos tipos de visão. Verá se tiver "visões". Terá visões se se educar com devaneios antes de educar-se com experiências, se as experiências vierem depois como provas de seus devaneios. Como diz D'Annunzio:

> Os acontecimentos mais ricos ocorrem em nós muito antes que a alma se aperceba deles. E, quando começamos a abrir os olhos para o visível, há muito que já estávamos aderentes ao invisível. [5]

Essa adesão ao invisível, eis a poesia primordial, eis a poesia que nos permite tomar gosto por nosso destino íntimo. Ela nos dá uma impressão de juventude ou de rejuvenescimento ao nos restituir ininterruptamente a faculdade de nos maravilharmos. A verdadeira poesia é uma função de despertar.

Ela nos desperta, mas deve guardar a lembrança dos sonhos preliminares. Eis por que procuramos às vezes retardar o instante em que a poesia transpõe o umbral da expressão; tentamos, todas as vezes que tínhamos indícios, refazer o caminho onírico que conduz ao poema. Como diz Charles Nodier em suas *Rêveries* (ed. Renduel, p. 162): "O mapa do mundo imaginável é traçado apenas nos sonhos. O universo sensível é um universo infinitamente pequeno." Os devaneios e os sonhos são, para certas almas, a matéria da beleza. Adão encontrou Eva ao sair de um sonho: por isso a mulher é tão bela.

Com o apoio de todas essas convicções, podíamos fazer abstração dos conhecimentos gastos, das mitologias formais e alegó-

---

5. D'Annunzio, *Contemplation de la mort*, p. 19.

ricas que sobrevivem num ensinamento sem vida, sem força. Podíamos também fazer abstração dos inumeráveis poemas desprovidos de sinceridade, nos quais rimadores insossos se empenham em multiplicar os ecos mais diversos, mais confusos. Quando nos apoiamos em fatos mitológicos, é porque reconhecemos neles uma ação permanente, uma ação inconsciente sobre as almas de hoje. Uma mitologia das águas, no seu conjunto, não passaria de uma história. Quisemos escrever uma psicologia, quisemos ligar as imagens literárias e os sonhos. Aliás, temos observado freqüentemente que o *pitoresco* tolhe ao mesmo tempo as forças mitológicas e as forças poéticas. O pitoresco dispersa a força dos sonhos. Um fantasma, para ser ativo, não tem direito às disparidades. Um fantasma descrito com complacência é um fantasma que deixa de agir. Aos diversos elementos materiais correspondem fantasmas que conservam suas forças enquanto são fiéis à sua matéria ou, o que vem a dar aproximadamente no mesmo, enquanto são fiéis aos sonhos primitivos.

A escolha dos exemplos literários deveu-se também a uma ambição que, para terminar, queremos tranqüilamente confessar: se nossas pesquisas pudessem prender a atenção, deveriam proporcionar alguns meios, alguns instrumentos para a renovação da crítica literária. É a isso que tende a introdução da noção de *complexo de cultura* na psicologia literária. Chamamos assim às *atitudes irrefletidas* que comandam o próprio trabalho da reflexão. Há, por exemplo, no âmbito da imaginação, imagens favoritas que acreditamos hauridas nos espetáculos do mundo e que não passam de *projeções* de uma alma obscura. Cultivamos os complexos de cultura acreditando cultivar-nos objetivamente. O realista escolhe então *sua* realidade na realidade. O historiador escolhe *sua* história na história. O poeta ordena suas impressões associando-as a uma tradição. Em sua forma correta, o complexo de cultura revive e rejuvenesce uma tradição. Em sua forma errada, o complexo de cultura é um hábito escolar de um escritor sem imaginação.

Naturalmente, os complexos de cultura são enxertados nos complexos mais profundos trazidos à luz pela psicanálise. Como acentuou Charles Baudouin, um complexo é essencialmente um transformador de energia psíquica. O complexo de cultura continua essa transformação. A sublimação cultural prolonga a sublimação natural. Parece, ao homem culto, que uma imagem sublimada nunca é suficientemente bela. Ele quer renovar a sublimação. Se a sublimação fosse uma simples questão de conceitos, ele se deteria assim que a imagem estivesse contida em seus traços conceituais; mas a cor transborda, a matéria fervilha, as imagens se cultivam; os sonhos continuam o seu ímpeto, apesar dos poemas que os exprimem. Nessas condições, a crítica literária que não quer limitar-se ao levantamento estático das imagens deve acompanhar-se de uma crítica psicológica que revive o caráter dinâmico da imaginação seguindo a ligação entre os complexos originais e os complexos de cultura. Não há, a nosso ver, outros meios para medir as forças poetizantes em ação nas obras literárias. A *descrição* psicológica não basta. Trata-se menos de descrever formas que de pesar uma matéria.

Neste livro, como em outros, ainda que com alguma imprudência, não hesitamos, pois, em chamar complexos novos por seu signo cultural, pelo signo que todo homem culto reconhece, signo que permanece obscuro, sem repercussão para o homem que vive longe dos livros. Um homem que não lê ficaria bastante surpreso se lhe falássemos do encanto pungente de uma morta florida arrastada, como Ofélia, ao sabor do rio. Há aí uma imagem cujo crescimento a crítica literária não viveu. É interessante mostrar como tais imagens — tão pouco naturais — se converteram em figuras de retórica, como essas figuras de retórica podem permanecer ativas numa cultura poética.

Acreditamos que, se nossas análises forem exatas, elas deverão ajudar a passar da psicologia do devaneio comum à psicologia do devaneio literário, estranho devaneio que se escreve, que se coordena ao ser escrito, que ultrapassa sistematicamente seu sonho inicial, mas que ainda assim permanece fiel a realidades oníricas elementares. Para ter essa constância do sonho que dá um poema, é preciso ter algo mais que imagens reais diante dos olhos. É preciso seguir essas imagens que nascem em nós mesmos, que vivem em nossos sonhos, essas imagens carregadas de uma matéria onírica rica e densa que é um alimento inesgotável para a imaginação material.

CAPÍTULO I

AS ÁGUAS CLARAS, AS ÁGUAS PRIMAVERIS E AS ÁGUAS CORRENTES. AS CONDIÇÕES OBJETIVAS DO NARCISISMO. AS ÁGUAS AMOROSAS

> Triste flor que cresce só e não tem outra comoção
> Senão sua sombra na água vista com atonia.
>
> MALLARMÉ, *Hérodiade*

> ... Houve até muitas pessoas que se afogaram num espelho...
>
> RAMON GÒMEZ DE LA SERNA,
> *Gustave l'incongru*, p. 23

I

As "imagens" de que a água é o pretexto ou a matéria não têm nem a constância nem a solidez das imagens fornecidas pela terra, pelos cristais, pelos metais e pelas gemas. Não têm a vida vigorosa das imagens do fogo. As águas não constroem "mentiras verdadeiras". É necessária uma alma muito perturbada para realmente se deixar enganar pelas miragens do rio. Esses doces fantasmas da água costumam estar ligados às ilusões factícias de uma imaginação divertida, de uma imaginação que quer divertir-se. Os fenômenos da água iluminada por um sol de primavera proporcionam assim metáforas comuns, fáceis, abundantes, que sustentam uma poesia subalterna. Os poetas secundários abusam delas. Poderíamos acumular sem dificuldade versos em que jovens ondinas brincam, sem fim, com imagens muito velhas.

Tais imagens, ainda que naturais, não nos cativam. Não despertam em nós uma emoção profunda, como o fazem certas imagens, embora igualmente comuns, do fogo e da terra. Como são fugidias, transmitem apenas uma impressão fugidia. Uma olhada para o céu ensolarado entrega-nos às certezas da luz; uma decisão íntima, uma vontade súbita devolvem-nos às vontades da terra, à tarefa positiva de cavar e construir. Quase automaticamente, pela fatalidade da matéria grosseira, a vida terrestre reconquista o sonhador que dos reflexos da água toma apenas o pretexto para suas férias e seu sonho. A imaginação material da água está sempre em perigo, corre o risco de apagar-se quando intervêm as imaginações materiais da terra e do fogo. Uma psicanálise das imagens da água, portanto, raramente é necessária, já que essas imagens se dispersam como que por si mesmas. Não enfeitiçam um sonhador qualquer. Todavia — veremos isso em outros capítulos — certas formas nascidas das águas têm mais atrativos, mais insistência, mais consistência: é que intervêm devaneios mais materiais e mais profundos, e nosso ser íntimo se envolve mais a fundo, e nossa imaginação sonha, mais de perto, com os atos criadores. Então a força poética, que era insensível numa poesia dos reflexos, aparece repentinamente; a água torna-se pesada, entenebra-se, aprofunda-se, materializa-se. E eis que o devaneio materializante, unindo os sonhos da água a devaneios menos móveis, mais sensuais, eis que o devaneio acaba por construir sobre a água, por senti-la com mais intensidade e profundidade.

Mas avaliaríamos mal a "materialidade" de certas imagens da água, a "densidade" de certos fantasmas, se primeiro não tivéssemos estudado as formas irisadas da superfície. Essa *densidade*, que distingue uma poesia superficial de uma poesia profunda, nós a sentiremos ao passarmos dos *valores sensíveis* aos *valores sensuais*. Acreditamos que a doutrina da imaginação só será esclarecida se pudermos fazer uma classificação correta dos valores sensuais em relação com os valores sensíveis. Só os valores sensuais dão "correspondências". Os valores sensíveis proporcionam apenas traduções. É por ter estabelecido, confundindo o sensível e o sensual, a correspondência das *sensações* (elementos muito intelectuais), que impossibilitamos um estudo verdadeiramente dinâmico da emoção poética. Comecemos, pois, pela menos sensual das sensações, pela visão, e vejamos como ela se sensualiza. Comecemos estudando a água em seu simples *adorno*. Em seguida compreenderemos progressivamente, através de pequenos indícios, sua *vontade de parecer*, ou pelo menos como ela simboliza com a *vontade de parecer* do sonhador que a contempla. Não cremos que as doutrinas da psicanálise tenham igualmente insistido, a propósito do narcisismo, nos dois termos da dialética: *ver* e *mostrar-se*. A poética das águas vai permitir-nos trazer uma contribuição para esse duplo estudo.

II

Não foi um mero desejo de fácil mitologia, mas uma verdadeira presciência do papel psicológico das experiências naturais que determinou a psicanálise a marcar com o signo de Narciso o amor do homem por sua própria imagem, por esse rosto que se reflete numa água tranquila. Com efeito, o rosto humano é antes de tudo o instrumento que serve para seduzir. Mirando-se, o homem prepara, aguça, lustra esse rosto, esse olhar, todos os instrumentos de sedução. O espelho é o *Kriegspiel* do amor ofensivo. Indicamos em rápida pincelada esse *narcisismo ativo*, demasiado esquecido pela psicanálise clássica. Um livro inteiro seria necessário para desenvolver a "psicologia do espelho". Seja-nos suficiente, no começo de nossos estudos, assinalar a ambivalência profunda do narcisismo que passa de traços masoquistas para traços sádicos, que vive uma contemplação que lamenta e uma contemplação que espera, uma contemplação que consola e uma contemplação que agride. Ao ser diante do espelho pode-se sempre fazer a dupla pergunta: para quem estás te mirando? Contra quem estás te mirando? Tomas consciência de tua beleza ou de tua força? Essas breves observações bastam para mostrar o cunho inicialmente complexo do narcisismo. Veremos no decorrer deste capítulo o narcisismo complicar-se de página em página.

De início, é preciso compreender a utilidade psicológica do espelho das águas: a água serve para *naturalizar* a nossa imagem, para devolver um pouco de inocência e de naturalidade ao orgulho da nossa contemplação íntima. Os espelhos são objetos demasiado civilizados, demasiado manejáveis, demasiado geométricos; são instrumentos de sonho evidentes demais para adaptar-se por si mesmos à vida onírica. No preâmbulo povoado de imagens de seu livro tão moralmente emocionante, Louis Lavelle observou a natural profundidade do reflexo aquático, o infinito do sonho que esse reflexo sugere: "Se imaginarmos Narciso diante do espelho, a resistência do vidro e do metal opõe uma barreira aos seus desígnios. Contra ela, choca a fronte e os punhos; e nada encontra se lhe der a volta. O espelho aprisiona em si um segundo mundo que lhe escapa, no qual ele se vê sem poder se tocar e que está separado dele por uma falsa distância, que pode diminuir mas não transpor. A fonte, ao contrário, é para ele um caminho aberto..."[1] O espelho da fonte é, pois, motivo para uma *imaginação aberta*. O reflexo um tanto vago, um tanto pálido, sugere uma idealização. Diante da água que lhe reflete a imagem, Narciso sente que sua beleza *continua*, que ela não está concluída, que é preciso concluí-la. Os espelhos de vidro, na viva luz do quarto, dão uma imagem por demais estável. Tornarão a ser vivos e naturais quando pudermos compará-los a uma água viva e natural, quando a imaginação *renaturalizada* puder receber a *participação* dos espetáculos da fonte e do rio.

Percebemos aqui um dos elementos do *sonho natural*, a necessidade que o sonho tem de inserir-se profundamente na natureza. Não se sonha profundamente com *objetos*. Para sonhar profundamente, cumpre sonhar com *matérias*. Um poeta que começa pelo *espelho* deve chegar à *água da fonte* se quiser transmitir sua *experiência poética completa*. A nosso ver, a experiência poética deve ser posta sob a dependência da experiência onírica. Uma poesia tão trabalhada como a de Mallarmé raramente infringe essa lei; ela nos dará a intussuscepção das imagens da água nas imagens do espelho:

> *Ó espelho!*
> *Água fria pelo tédio em teu caixilho gelada*
> *Quantas vezes e durante horas, desolada*
> *Dos sonhos e buscando minhas lembranças, que são*
> *Como folhas sob teu gelo no oco profundo,*
> *Em ti eu me vi como uma sombra distante,*
> *Mas, horror! algumas noites, em tua severa fonte,*
> *De meu sonho esparso conheci a nudez!* [2]

---

1. Louis Lavelle, *L'erreur de Narcisse*, p. 11.
2. Stéphane Mallarmé, *Hérodiade*.

Um estudo sistemático dos *espelhos* na obra de Georges Rodenbach levaria à mesma conclusão. Fazendo abstração do *espião*, olho inquisidor sempre claro, sempre ofensivo, reconheceríamos que todos os espelhos de Rodenbach são velados, têm a mesma vida cinzenta que as águas dos canais que cercam Bruges. Em Bruges todo espelho é uma água dormente.

III

Narciso vai, pois, à fonte secreta, no fundo dos bosques. Só ali ele sente que é *naturalmente* duplo; estende os braços, mergulha as mãos na direção de sua própria imagem, fala à sua própria voz. Eco não é uma ninfa distante. Ela vive na cavidade da fonte. Eco está incessantemente com Narciso. Ela é ele. Tem a voz dele. Tem seu rosto. Ele não a ouve num grande grito. Ouve-a num murmúrio, como o murmúrio de sua voz sedutora, de sua voz de sedutor. Diante das águas, Narciso tem a revelação de sua identidade e de sua dualidade, a revelação de seus duplos poderes viris e femininos, a revelação, sobretudo, de sua realidade e de sua idealidade.

Perto da fonte nasce assim um *narcisismo idealizante* cuja importância para uma psicologia da imaginação gostaríamos de assinalar numa rápida pincelada. Consideramos isso ainda mais necessário na medida em que a psicanálise clássica parece subestimar o papel dessa idealização. Efetivamente, o narcisismo nem sempre é neurotizante. Desempenha também um papel positivo na obra estética e, por transposições rápidas, na obra literária. A sublimação nem sempre é a negação de um desejo; nem sempre ela se apresenta como uma sublimação *contra* os instintos. Pode ser uma sublimação *por* um ideal. Então Narciso já não diz: "Amo-me tal como sou", mas sim: "Sou tal como me amo." Sou com efervescência porque me amo com fervor. Quero parecer, logo devo aumentar o meu adorno. Assim a vida se ilustra, se cobre de imagens. A vida impele; transforma o ser; a vida assume brancuras; a vida floresce; a imaginação se abre às mais longínquas metáforas; participa da vida de todas as flores. Com essa dinâmica floral a vida real ganha um novo ímpeto. A vida real caminha melhor se lhe dermos suas justas férias de irrealidade.

Esse narcisismo idealizante realiza então a sublimação da carícia. A imagem contemplada nas águas aparece como o contorno de uma carícia toda visual. Não tem a menor necessidade da mão acariciante. Narciso compraz-se numa carícia linear, virtual, formalizada. Nada subsiste de material nessa imagem delicada e frágil. Narciso prende a respiração:

> *O menor suspiro*
> *Que eu exalasse*
> *Viria arrebatar-me*
> *O que eu adorava*
> *Na água azul e loura*
> *Céus e florestas*
> *E rosa da onda*
>
> Narcisse, Paul Valéry, *Mélanges*

Tanta fragilidade e tanta delicadeza, tanta irrealidade impelem Narciso para fora do presente. A contemplação de Narciso está quase fatalmente ligada a uma esperança. Meditando sobre sua beleza, Narciso medita sobre seu porvir. O narcisismo determina então uma espécie de *catoptromancia natural*. Aliás, as combinações de hidromancia com catoptromancia não são raras. Delatte[3] apresenta uma prática onde se combinam os reflexos da água e os de um espelho colocado acima da fonte. Às vezes adicionam-se realmente os poderes refletores, mergulhando-se na água o espelho divinatório. Parece-me, pois, inegável que um dos componentes da hidromancia provém do narcisismo. Quando se fizer um estudo sistemático das características *psicológicas* da adivinhação, um importante papel deverá ser atribuído à imaginação material. Na hidromancia, parece que se atribui uma dupla visão à água tranquila porque ela nos mostra um duplo da nossa pessoa.

IV

Mas Narciso, na fonte, não está entregue somente à contemplação de si mesmo. Sua própria imagem é o centro de um mundo. Com Narciso, para Narciso, é toda a floresta que se mira, todo

---

3. Delatte, *La catoptromancie grecque et ses dérivés*, Paris, 1932, p. 111.

o céu que vem tomar consciência de sua grandiosa imagem. Em seu livro *Narcisse*, que por si só mereceria um longo estudo, Joachim Gasquet oferece numa fórmula admiravelmente densa toda uma metafísica da imaginação (p. 45): "O mundo é um imenso Narciso ocupado no ato de se pensar." Onde ele se pensaria melhor que em suas imagens? No cristal das fontes, um gesto perturba as imagens; um repouso as reconstitui. O mundo refletido é a conquista da calma. Soberba criação que requer apenas a inação, apenas uma atitude sonhadora, na qual veremos o mundo desenhar-se com tanto mais precisão quanto maior for o tempo em que sonhamos imóveis! Um *narcisismo cósmico*, que vamos estudar um pouco mais detidamente em suas diversas formas, continua, pois, com toda naturalidade, o narcisismo egoísta. "Sou belo porque a natureza é bela, a natureza é bela porque sou belo." Assim é o diálogo sem fim da imaginação criadora com seus modelos naturais. O narcisismo generalizado transforma todos os seres em flores e dá a todas as flores a consciência de sua beleza. Todas as flores se *narcisam* e a água é para elas o instrumento maravilhoso do narcisismo. Só seguindo esse desvio é que se pode dar todo o seu poder, todo o seu encanto filosófico a um pensamento como o de Shelley [4]: "As flores amarelas olham eternamente seus próprios olhos lânguidos refletidos no calmo cristal." Do ponto de vista realista, é uma imagem malfeita: o olho das flores não existe. Mas, para o sonho do poeta, é preciso que as flores *vejam*, dado que se miram na água pura. Keats também reúne, numa mesma página de delicioso frescor, a lenda humana, depois cósmica e depois floral de Narciso. Em seu poema, Narciso fala primeiro a Eco e vê então o vazio e a serenidade do céu refletido no centro do lago, numa pequena clareira; enfim, na margem, eis a beleza desenhada, a arte geométrica das cores:

> ... *ele surpreende uma flor solitária;*
> *Uma modesta flor abandonada, sem nenhuma soberba,*
> *Pendendo sua beleza sobre o espelho da onda*
> *Para acercar-se amorosamente de sua própria imagem entristecida.*
> *Surda ao ligeiro zéfiro, ela permanecia imóvel;*
> *Mas parecia insaciável de inclinar-se, enlanguescer, amar.*

---

4. Shelley, *Oeuvres complètes*, t. I, p. 93.

Nuança delicada de um narcisismo sem orgulho, que dá a cada coisa bela, à mais simples das flores, a consciência de sua beleza. Para uma flor, nascer perto das ondas é verdadeiramente votar-se ao narcisismo natural, ao narcisismo úmido, humilde, tranqüilo.

Se tomarmos um a um, como tentaremos fazer, os devaneios específicos diante de uma realidade específica, descobriremos que certos devaneios têm um destino estético bastante regular. Tal é o caso do devaneio diante do reflexo das águas. Perto do riacho, em seus reflexos, o mundo tende à beleza. O narcisismo, primeira consciência de uma beleza, é, portanto, o germe de um pancalismo. O que faz a força desse pancalismo é que ele é progressivo e detalhado. Teremos outras ocasiões de estudá-lo.

Apresentemos primeiro diferentes espécies de narcisismo cósmico. No lugar do narcisismo preciso e analítico de um reflexo muito luminoso, vemos intervir na contemplação das águas de outono um narcisismo velado, brumoso. Parece que os objetos carecem da vontade de refletir-se. Restam então o céu e as nuvens, que têm necessidade de todo o lago para pintar o seu drama. Quando o lago irritado responde à tempestade dos ventos, vê-se uma espécie de narcisismo da cólera impor-se ao poeta. Shelley traduz esse narcisismo irritado numa admirável imagem. A água assemelha-se então, diz ele, "a uma gema onde se grava a imagem do céu" (p. 248).

Não compreenderemos toda a importância do narcisismo se nos limitarmos à sua forma reduzida, se o destacarmos de suas generalizações. O ser que confia em sua beleza tem uma tendência ao pancalismo. Pode-se mostrar uma atividade dialética entre o narcisismo individual e o narcisismo cósmico na aplicação do princípio tão longamente desenvolvido por Ludwig Klages: sem um pólo no mundo, a polaridade da alma não poderia ser estabelecida [5]. O lago não seria um bom pintor se não fizesse primeiro o meu retrato, declara o narcisismo individual. Depois o rosto refletido no centro da fonte impede subitamente a água de fugir e devolve-a à sua função de espelho universal. Assim canta Éluard, *Le livre ouvert*, p. 30:

---

5. Klages, *Der Geist als Widersacher der Seele*, 3 Band. I. t., p. 1.132: "Ohne Weltpol fande der seelische Pol nicht statt."

> *Aqui não é possível perder-se*
> *E meu rosto está na água pura vejo*
> *Cantar uma só árvore*
> *Suavizar seixos*
> *Refletir o horizonte.*

Pouco a pouco a beleza se enquadra. Propaga-se de Narciso para o mundo, e compreendemos a certeza de Friedrich Schlegel (*Lucinde*, p. 16): "Sabemos com certeza que vivemos no mais belo dos mundos." O pancalismo converte-se em certeza íntima.

Por vezes, sente-se num poeta uma resistência a essa miragem cósmica. É o caso, acreditamos, de Eugenio d'Ors. Sem dúvida alguma, d'Ors é um poeta "terrestre". Segundo ele, a paisagem deve ser inicialmente "geológica". Vamos transcrever uma página em que se manifesta uma resistência à poesia da água. Por contraste, ela esclarecerá nosso próprio ponto de vista. Eugenio d'Ors [6] quer provar que as condições de ar e de luz são *adjetivos* que não podem fazer-nos conhecer a verdadeira *substância* da paisagem. Quer, por exemplo, que uma *marinha* ofereça "uma consistência arquitetural" e conclui: "Uma marinha que se pudesse interverter, por exemplo, seria um mau quadro. O próprio Turner — sem embargo de sua audácia nas fantasmagorias luminosas — jamais se arrisca a pintar uma paisagem marinha *reversível*, isto é, na qual o céu poderia ser tomado pela água e a água pelo céu. E, se o impressionista Monet, na série equívoca das *Ninféias*, fez assim, pode dizer-se que encontrou sua penitência no pecado; pois nunca na história da arte as *Ninféias* de Monet foram, nem serão, consideradas como um produto normal: trata-se antes de um capricho que, se por um momento nos acaricia a sensibilidade, carece de qualquer qualificação para ser acolhido nos arquivos enobrecedores da nossa memória. Recreação de um quarto de hora; objeto fungível situado desde já na vizinhança imediata daquilo que é puramente decorativo entre as realizações da arte industrial; irmão dos arabescos, das tapeçarias, dos pratos de Faenza; coisa, enfim, que vemos sem olhar, que apreendemos sem pensamento e que esquecemos sem remorso." Que desdém pelo "objeto fungível"! Que necessidade de uma beleza imóvel!

---

6. Eugenio d'Ors, *La vie de Goya*, p. 179.

Com que prazer acolheremos, ao contrário de Eugenio d'Ors, uma obra de arte que dê uma ilusão de mobilidade, que nos engane mesmo, se esse erro nos abrir caminho para um devaneio! É exatamente isso o que sentimos diante das *Ninféias*. Quando simpatizamos com os espetáculos da água, estamos sempre prontos a gozar de sua função narcísica. A obra que sugere essa função é imediatamente compreendida pela imaginação material da água.

V

Talvez estas observações sobre as relações do narcisismo egoísta com o narcisismo cósmico pareçam mais bem fundamentadas se lhes acentuarmos o caráter metafísico.

A filosofia de Schopenhauer mostrou que a contemplação estética apazigua por um instante a infelicidade do homem ao desprendê-lo do drama da vontade. Essa separação entre a contemplação e a vontade anula uma característica que gostaríamos de sublinhar: a vontade de contemplar. Também a contemplação determina uma vontade. O homem quer ver. Ver é uma necessidade direta. A curiosidade dinamiza a mente humana. Mas na própria natureza parece que *forças de visão* estão ativas. Entre a *natureza contemplada* e a *natureza contemplativa*, as relações são estreitas e recíprocas. A *natureza imaginária* realiza a unidade da *natura naturans* e da *natura naturata*. Quando um poeta vive seu sonho e suas criações poéticas, ele realiza essa unidade natural. Parece então que a natureza contemplada ajuda à contemplação, que ela já contém meios de contemplação. O poeta pede-nos para "nos associarmos o mais estreitamente possível a essas águas que delegamos à contemplação do que existe" [7]. Mas será o lago ou será o olho que contempla melhor? O lago, o tanque, a água dormente nos detêm em suas margens. Ele diz ao querer: não irás mais longe; tens o dever de contemplar as coisas distantes, coisas além! Enquanto corrias, alguma coisa aqui, já, olhava. O lago é um grande olho tranqüilo. O lago recebe toda a luz e com ela faz um mundo. Por ele o mundo é contemplado, o

---

7. Paul Claudel, *L'oiseau noir dans le soleil levant*, p. 230.

mundo é representado. Também ele pode dizer: o mundo é a minha representação. Ao pé do lago, compreende-se a velha teoria fisiológica da *visão ativa*. Para a visão ativa, parece que o olho projeta luz, que ele próprio ilumina suas imagens. Compreende-se então que o olho tenha vontade de ver suas visões, que a contemplação seja, também ela, vontade.

O cosmos é, pois, de certa maneira, tocado de narcisismo. O mundo quer se ver. A vontade, tomada em seu aspecto schopenhaueriano, cria olhos para contemplar, para se apascentar na beleza. O olho, por si só, não é uma beleza luminosa? Não traz a marca do pancalismo? É preciso que ele seja belo para ver o belo. É preciso que a íris do olho tenha uma bela cor para que as belas cores entrem em sua pupila. Sem um olho azul, como ver realmente o céu azul? Sem um olho negro, como contemplar a noite? Reciprocamente, toda beleza é ocelada. Essa união pancalista do visível e da visão foi sentida por inumeráveis poetas, que a viveram sem defini-la. É uma lei elementar da imaginação. Por exemplo, em seu *Prometeu libertado* [8], Shelley escreve: "O olho gracioso de uma violeta contempla o céu azulado até sua cor tornar-se semelhante àquilo que ela contempla." Como surpreender melhor a imaginação material em sua tarefa de mimetismo substancial?

A *Swanevit* de Strindberg, enquanto espera o príncipe encantado, acaricia as costas e a cauda do pavão: "Pequeno Pavo! pequeno Pavo! O que vês? O que ouves? Alguém virá? Quem virá? É um pequeno príncipe? É belo e encantador? Podes vê-lo com todos teus olhos azuis? (Segura no ar uma pena de pavão e olha fixamente o olho da pena.)" [9] Lembremos de passagem que o *olho* das penas se chama também *espelho*. Esta é uma nova prova da ambivalência que joga com os dois particípios *visto* e *vendo*. Para uma imaginação ambivalente, o pavão é uma visão multiplicada. Segundo Creuzer, *o pavão primitivo* tem cem olhos [10].

Um novo matiz não tarda a introduzir-se na visão generalizada e a intensificar o cunho *voluntário* da contemplação. A magia de Strindberg traz à luz essa característica. A íris da pena

---

8. Shelley, *Oeuvres complètes*, t. I, p. 23.
9. Strindberg, *Swanevit*, p. 329.
10. Creuzer, *Religion de l'antiquité*, t. I, p. 168.

do pavão, esse "olho" sem pálpebra, esse *olho permanente*, assume subitamente uma dureza. Em vez de contemplar, ele observa. Uma *relação de Argos* deforma então a terna fascinação do amor que admira: há pouco me olhavas, agora me observas. Logo após as carícias, Swanevit sente a insistência da *roda ocelada*: "Estás aí para observar, maldoso Argos... Tolo! eu puxo a cortina, vê. (Ela puxa uma cortina que esconde o pavão, mas não a paisagem; em seguida caminha na direção dos pombos.) Minhas rolas brancas, brancas, brancas, vocês vão ver o que há de mais branco." Enfim, quando a tentação vier, o pavão, Argos de olhos cruéis, puxará a cortina (p. 248): "Quem puxou a cortina? Quem ordenou ao pássaro para nos olhar com sua centena de olhos?" Ó cauda multividente!

Uma crítica apoiada em convicções realistas e lógicas nos acusará facilmente de jogar aqui com a palavra *olho*, palavra atribuída — por qual acaso? — às manchas circulares das penas do pavão. Mas o leitor que souber aceitar verdadeiramente o convite à contemplação oferecida pelo pavão não poderá esquecer a estranha impressão da convergência desses cem "olhos". Evidentemente, a própria cauda *quer* fascinar. Observe-se bem a roda aberta em exibição. Ela não é plana. É curvada como uma concha. Se acontecer de algum ser do galinheiro passar no centro desse espelho côncavo, dessa visão côncava, o orgulho torna-se ira, uma cólera percorre as penas, a roda inteira freme, treme, sussurra. O espectador tem então a sensação de estar na presença de uma *vontade direta* de beleza, de um poder de ostentação que não pode ficar passivo. A psicologia humana de uma beleza tolamente pavoneada carece desse caráter de *beleza ofensiva* que um observador do animal não poderá desconhecer. Sobre esse exemplo, um filósofo schopenhaueriano poderá se convencer de que é necessário reunir numa nova síntese as lições divididas de Schopenhauer: o magnetismo da contemplação é da ordem do querer. Contemplar não é opor-se à vontade, é seguir um outro ramo da vontade, é participar da vontade do belo, que é um elemento da vontade geral.

Sem uma doutrina da imaginação ativa, que reúne o fenômeno da beleza à vontade de visão, páginas como a de Strindberg são incompreensíveis e sem vida. Nós as leremos mal se buscarmos nelas símbolos fáceis. Para bem lê-las, é preciso que a imaginação *participe* simultaneamente da vida das formas e da vida das matérias. O pavão vivo opera essa síntese.

Não escapou a Victor Hugo essa composição do narcisismo cósmico e do pancalismo dinâmico. Ele compreendeu que a natureza nos força à contemplação. Diante de um dos grandes espetáculos das margens do Reno, ele escreve: "Era um desses lugares onde acreditamos ver ostentar-se esse pavão magnífico que se chama natureza." [11] Pode-se, pois, dizer que o pavão é um microscópio do pancalismo universal.

Assim, sob as formas mais diversas, nas ocasiões mais diferentes, nos autores mais estranhos uns aos outros, vemos reproduzir-se uma troca sem fim da visão para o visível. Tudo o que faz ver vê. Lamartine escreve em *Graziella*: "Os relâmpagos jorram ininterruptamente através das fendas de meus postigos, como as piscadelas de um olho de fogo sobre as paredes de meu quarto." [12] Assim o relâmpago que ilumina olha.

Mas, se o olhar das coisas for um tanto suave, um tanto grave, um tanto pensativo, é um olhar da água. O exame da imaginação conduz-nos a este paradoxo: na imaginação da visão generalizada, a água desempenha um papel inesperado. O verdadeiro olho da terra é a água. Nos nossos olhos, é a *água* que sonha. Nossos olhos não serão "essa poça inexplorada de luz líquida que Deus colocou no fundo de nós mesmos" [13]? Na natureza, é novamente a água que vê, é novamente a água que sonha. "O lago fez o jardim. Tudo se compõe em torno dessa água que pensa." [14] Tão logo nos entregamos inteiramente ao reino da imaginação, com todas as forças reunidas do sonho e da contemplação, compreendemos a profundidade do pensamento de Paul Claudel: "A água, assim, é o olhar da terra, seu aparelho de olhar o *tempo*." [15]

VI

Após essa digressão metafísica, voltemos a características mais simples da psicologia das águas.

---

11. Victor Hugo, *Le Rhin*, II, p. 20.
12. Lamartine, *Confidences*, p. 245.
13. Claudel, op. cit., p. 229.
14. Id., ibid.
15. Id., ibid.

A todos os jogos das águas claras, das águas primaveris, cintilantes de imagens, é preciso acrescentar um componente da poesia das águas: o *frescor*. Reencontraremos mais adiante essa qualidade que pertence ao volume da água quando fizermos um estudo dos mitos da pureza. Veremos que esse frescor é uma força de despertar. Mas desde já devemos assinalá-la, porque ela entra em composição com as outras imagens imediatas. Uma psicologia da imaginação requer que se examinem juntos todos os dados imediatos da consciência estética.

Esse frescor que sentimos ao lavar as mãos no regato estende-se, expande-se, apodera-se da natureza inteira. Torna-se logo o frescor da primavera. A nenhum substantivo, mais intensamente que à água, pode-se associar o adjetivo *primaveril*. Para um ouvido francês, não existe vocábulo mais fresco que *eaux printanières* (águas primaveris). O frescor impregna a primavera por suas águas corredias: ele valoriza toda a estação da primavera. Ao contrário, o frescor é pejorativo no reino das imagens do ar. Um vento fresco provoca uma sensação de frio. Arrefece um entusiasmo. Cada adjetivo tem assim o seu substantivo privilegiado que a imaginação material retém rapidamente. O *frescor* é portanto um adjetivo da água. A água é, sob certos aspectos, o frescor substantivado. Marca um clima poético. É assim que ela dialetiza o verde Érino e a ruiva Escócia, o prado contra a urze.

Quando se encontrou a raiz substancial da qualidade poética, quando se encontrou realmente a *matéria* do adjetivo, a matéria sobre a qual trabalha a imaginação material, todas as metáforas bem enraizadas desenvolvem-se por si mesmas. Os valores sensuais — e não mais as sensações —, uma vez ligados a substâncias, fornecem *correspondências* que não enganam. Assim, os perfumes verdes como as pradarias são evidentemente perfumes frescos; são carnes frescas e luzidias, carnes cheias como carnes de criança. Toda a *correspondência* é sustentada pela *água primitiva*, por uma água carnal, pelo elemento universal. A imaginação material sente-se segura de si ao reconhecer o valor ontológico de uma metáfora. Ao contrário, o fenomenismo, em poesia, é uma doutrina desprovida de força.

VII

Fresca e clara é também a canção do rio. Realmente, o rumor das águas assume com toda naturalidade as metáforas do frescor

e da claridade. As águas risonhas, os riachos irônicos, as cascatas ruidosamente alegres encontram-se nas mais variadas paisagens literárias. Esses risos, esses chilreios são, ao que parece, a linguagem pueril da Natureza. No riacho quem fala é a Natureza criança.
É difícil desprender-se dessa poesia infantil. Entre numerosos poetas, os regatos dizem os seus glu-glu com esse mesmo tom especial da *nursery* que quase sempre bloqueia a alma infantil nos dissílabos das pobres consoantes: dadá, bobô, lolô, cocô. Assim cantam os riachos nos contos infantis inventados pelos adultos.

Mas essa simplificação excessiva de uma harmonia pura e profunda, essa puerilidade persistente, esse infantilismo poético que é a tara de tantos poemas, não devem fazer-nos subestimar a juventude das águas, a lição de vivacidade que nos dão as águas vivas.

Essas fontes dos bosques, essas *Waldquellen*, freqüentemente ocultas, nós as ouvimos antes de as vermos. Ouvimo-las ao despertar, quando saímos dos sonhos. É assim que Fausto as ouve às margens do Peneu:

> *Scheint die Welle doch ein Schwätzen*
> A onda é como um tagarelar

e as ninfas respondem:

> *Wir säuseln, wir rieseln*
> *Wir flüsten dir zu.*

"Murmuramos, cascateamos, gorjeamos para ti." (*Second Faust*, ato II, *O Peneu*)

Mas terá essa mitologia uma força verdadeira? Feliz daquele que é despertado pela fresca canção do regato, por uma voz real da natureza viva. Cada novo dia tem para ele a dinâmica do nascimento. Ao romper da aurora, o canto do regato é um canto de mocidade, um conselho de rejuvenescimento. Quem nos devolverá o despertar *natural*, o despertar *na natureza*?

VIII

À poesia bastante superficial dos reflexos associa-se uma sexualização totalmente visual, artificial e por vezes pedante. Essa sexualização dá lugar à evocação menos ou mais livresca das náiades e das ninfas. Forma-se assim um conglomerado de desejos e imagens, um verdadeiro complexo de cultura que se designaria muito bem pelo nome de *complexo de Nausícaa*. Efetivamente, ninfas e nereidas, dríades e hamadríades não passam de imagens escolares. São produtos da burguesia que estuda às pressas para um exame. Transportando ao campo as lembranças do colégio, um burguês que cita vinte palavras de grego respingando alguns tremas sobre o *i* não imagina a fonte sem a ninfa, a umbrosa baía sem a filha de um rei.

Caracterizaremos melhor o *complexo de cultura* no final deste capítulo, quando tivermos feito o levantamento das *palavras* e das *imagens* nos símbolos tradicionais. Voltemos ao exame dos espetáculos reais que estão na origem das metáforas da imaginação.

Tal como os poetas a descrevem ou sugerem, tal como os pintores a desenham, a *mulher no banho* é impossível de se encontrar em nossos campos. O banho não passa de um esporte. Enquanto esporte, ele é o contrário da timidez feminina. O banho é agora uma *multidão*. Ele fornece um "ambiente" para romancistas. Já não pode dar um verdadeiro poema da natureza.

Aliás, a imagem primitiva, a imagem da banhista de reflexo luminoso, é falsa. A banhista, agitando as águas, quebra sua própria imagem. Quem se banha não se reflete. É preciso, pois, que a imaginação supra a realidade. Ela realiza então um desejo.

Qual é, pois, a função sexual do rio? É a de evocar a nudez feminina. Eis uma água bem clara, diz o passeante. Com que fidelidade ela refletiria a mais bela das imagens! Por conseguinte, a mulher que nela se banhar será branca e jovem; conseqüentemente, estará nua. A água evoca a nudez *natural*, a nudez que pode conservar uma inocência. No reino da imaginação, os seres realmente nus, de linhas sem tosão, saem sempre de um oceano. O ser que sai da água é um reflexo que aos poucos se materializa: é uma *imagem* antes de ser um *ser*, é um desejo antes de ser uma imagem.

Para determinados devaneios, tudo o que se reflete na água traz a marca feminina. Eis um bom exemplo dessa fantasia. Um herói de Jean-Paul sonhando à margem das águas diz bruscamente, sem a menor explicação: "Do meio das ondas puras dos lagos elevavam-se os cimos das colinas e das montanhas que pareciam banhistas saindo da água..." [16] Podemos desafiar qualquer realista: ele não poderá explicar essa imagem. Podemos interrogar qualquer geógrafo: se ele não costuma desertar a terra em favor dos sonhos, nunca terá ocasião de confundir um perfil orográfico com um perfil feminino. A imagem feminina impôs-se a Jean-Paul por um devaneio sobre um reflexo. Somente pelos longos circuitos da explicação psicológica que propomos é que se pode compreendê-lo.

IX

O cisne, na literatura, é um *ersatz* da mulher nua. É a nudez permitida, a alvura imaculada e no entanto ostensiva. Os cisnes, pelo menos, se deixam ver! Quem adora o cisne deseja a banhista.

Uma cena do *Second Faust* vai mostrar-nos em detalhe como o quadro faz surgir a personagem, e também como evolui, sob diferentes máscaras, o desejo do sonhador. Eis esta cena, que dividiremos em três quadros: a paisagem — a mulher — o cisne [17].

Primeiro a paisagem desabitada:

"As águas resvalam através do frescor dos espessos arbustos, suavemente agitados; elas não murmuram, mal correm; de todos os lados, mil fontes se reúnem em bacias puras e brilhantes, aplanadas, cavadas para o banho."

Zum Bade flach vertieften Raum.

Parece, portanto, que a natureza tenha formado criptas para ocultar banhistas. Em breve, no poema, o espaço côncavo e fresco se povoa segundo a lei da imaginação das águas. Aqui está pois o segundo quadro:

"Florescentes e jovens figuras de mulheres, oferecidas ao olhar encantado, duplicadas pelo espelho líquido! Elas se banham juntas, alegremente, nadando com ousadia, caminhando com cuidado; e enfim os gritos, e a luta nas vagas!"

---

16. Jean-Paul, *Le titan*, t. I, p. 36.
17. Goethe, *Faust*, 2ª parte, ato II, p. 342.

Então o desejo se condensa, se define, se interioriza. Já não é uma simples alegria dos olhos. A imagem total e viva se prepara:

"Essas beldades deveriam bastar-me, meu olhar deveria gozar aqui; no entanto meu desejo vai sempre mais adiante; meu olhar penetra vivamente no âmago desse retiro. A rica folhagem da verdura espessa esconde a nobre rainha." E o sonhador contempla verdadeiramente o que se oculta; com realidade ele fabrica mistério. As imagens de "cobertura" vão, pois, fazer sua aparição. Estamos agora no núcleo da fantasia. Bem coberto, o núcleo vai proliferar; vai aglomerar as imagens mais distantes. Eis, portanto, primeiro os cisnes, depois o Cisne:

"Oh, maravilha! cisnes também vêm a nado de seus retiros, com movimentos puros e majestosos; vogam suavemente, ternos e familiares; mas com que altivez e complacência movem-se a cabeça e o bico... Um deles, sobretudo, parece empertigar-se com audácia e veleja celeremente através de todos os outros; sua plumagem se enfuna; impelindo as vagas sobre as vagas, ele avança rumo ao asilo sagrado..."

As reticências — tão raras no alemão clássico — são colocadas por Goethe nos lugares certos (versos 7.300 e 7.306, edição Hermann Bohlau, Weimar, 1888). Como ocorre com freqüência, as reticências "psicanalisam" o texto. Deixam em suspenso o que não deve ser dito explicitamente. Permitimo-nos suprimir da tradução de Porchat as numerosas reticências que não figuram no texto alemão e que foram adicionadas para sugerir evasões sem força, sem verdade sobretudo, se as compararmos às evasões que requerem uma psicanálise.

Aliás, não será difícil ao menor dos aprendizes de psicanálise perceber, nesta última imagem do cisne, traços *masculinos*. Como todas as imagens em ação no inconsciente, a imagem do cisne é hermafrodita. O cisne é feminino na contemplação das águas luminosas; é masculino na ação. Para o inconsciente, a ação é um ato. Para o inconsciente, há apenas *um ato*... Uma imagem que sugere um ato deve evoluir, no inconsciente, do feminino para o masculino.

A página do *Second Faust* nos oferece, assim, um bom exemplo daquilo a que chamaremos uma *imagem completa*, ou melhor, uma imagem completamente dinamizada. A imaginação acumula às vezes as imagens no sentido da sensualidade. Primeiro ela se alimenta de imagens distantes; sonha diante de um amplo panorama; em seguida ela separa um sítio secreto onde reúne imagens mais humanas. Passa do gozo dos olhos a desejos mais íntimos. Finalmente, no apogeu do sonho de sedução, as visões convertem-se em desígnios sexuais. Sugerem atos. Então "a plumagem se enfuna, o cisne avança rumo ao asilo sagrado..."

Um passo mais na psicanálise e compreenderíamos que o canto do cisne antes da morte pode ser interpretado como as eloqüentes juras do amante, como a voz cálida do sedutor antes do momento supremo, antes desse desenlace tão fatal à exaltação que é realmente "uma morte amorosa".

Esse *canto do cisne*, esse canto da morte sexual, esse canto do desejo exaltado que vai encontrar seu apaziguamento, só de raro em raro aparece em seu significado complexual. Já não repercute em nosso inconsciente porque a metáfora do *canto do cisne* é das mais desgastadas. É uma metáfora que esmagamos sob um simbolismo factício. Quando o cisne de La Fontaine diz "seu último canto" sob o facão do cozinheiro, a poesia deixa de viver, deixa de comover, perde seu significado próprio já em proveito de um simbolismo convencional, já em proveito de um significado realista ultrapassado. No bom tempo do realismo, ainda se indagava se a laringe do cisne permite um canto verdadeiro e mesmo um grito de agonia. Nem em termos de convenção nem em termos de realidade a metáfora do canto do cisne é explicável. Cumpre, como para tantas outras metáforas, procurar no inconsciente os motivos de uma explicação. A imagem do "cisne", se nossa interpretação geral dos reflexos é exata, é sempre um *desejo*. Portanto, é enquanto *desejo* que ele canta. Ora, não há senão um desejo que canta ao morrer, que morre cantando, e é o desejo sexual. O canto do cisne é portanto o desejo sexual em seu ponto culminante.

Por exemplo, nossa interpretação parece-nos ser a única capaz de levar em conta todas as ressonâncias inconscientes e poéticas desta bela página nietzschiana [18]. O mito trágico "impele o mundo fenomenal até o limite em que ele nega a si mesmo e procura entrar no seio da única e verdadeira realidade, em que, semelhante a Isolda, ele parece entoar este metafísico canto do cisne:

---

18. Nietzsche, *La naissance de la tragédie*, p. 112.

*Na vaga ondulante
Do mar das delícias,
No fragor sonoro
De ondas perfumadas,
Na inquieta unidade
Da palpitação universal
Abismar-se — perder-se
Em plena inconsciência — suprema volúpia!*

Qual é, então, esse sacrifício que aniquila o ser abismando-o em vagas odorantes, que une o ser a um universo que sempre palpita e que embala como uma onda? Qual é esse sacrifício inebriante de um ser ao mesmo tempo inconsciente de sua perda e de sua felicidade — e que canta? Não, não é a morte definitiva. É a morte de uma noite. É um desejo satisfeito que uma luminosa manhã verá renascer, como o dia renova a imagem do cisne ereto sobre as águas [19].

X

Para que um complexo como o complexo do cisne, que acabamos de formular, tenha toda a sua força poética, é preciso que ele aja *em segredo* no coração do poeta, é preciso que o próprio poeta que contempla longamente o cisne sobre as águas não saiba que deseja uma aventura mais terna. É o caso, parece-nos, do devaneio de Goethe. Para sublinhar o natural do devaneio de Fausto, vamos opor-lhe um segundo exemplo, em que os símbolos nos vão aparecer obviamente fabricados, grosseiramente reunidos. Nesse exemplo, veremos em ação esse helenismo de fancaria, tão característico dos complexos de cultura. A fusão do desejo e do símbolo não ocorre, a imagem primitiva não tem sua vida própria, foi açambarcada cedo demais pela lembrança de uma

---

19. Talvez pudéssemos surpreender no *Cygne* de Mallarmé a fusão do narcisismo do amor e do narcisismo da morte amorosa. Claude-Louis Estève, em seu ensaio sobre Mallarmé (*Études philosophiques sur l'expression littéraire*, p. 146), diz sinteticamente: "O cisne de Mallarmé, de beleza e consunção narcisista, cujo pescoço (e não as patas) sacode a branca agonia, ou finalmente imobilizado nos gelos, permanece sempre o Puro e o Magnífico."

mitologia aprendida. Tiraremos esse exemplo de uma das novelas que Pierre Louys reuniu sob o título *Le crépuscule des nymphes* (ed. Montaigne). Esse livro contém páginas belíssimas. Não pretendemos julgá-lo do ponto de vista literário. O que nos interessa aqui é o ponto de vista psicológico.

Na novela *Lêda*[20] *ou la louange des bienheureuses ténèbres*, o *complexo do cisne* revela imediatamente seus traços humanos, demasiado humanos. As *imagens de cobertura* não preenchem o seu papel. Tudo aí é demasiado evidente. Um leitor libidinoso é logo servido, diretamente servido. "O lindo pássaro era branco como uma mulher, esplêndido e róseo como a luz." (p. 21) Mas o pássaro branco como uma mulher, ao girar em torno da ninfa e "olhá-la de lado", já abandonou qualquer valor simbólico. Então ele se aproxima de Lêda (p. 22). Quando o cisne "se achou bem perto (de Lêda), acercou-se ainda mais e, erguendo-se sobre as largas patas vermelhas, estendeu o mais alto que pôde a graça ondulante de seu pescoço, diante das jovens coxas azuladas e até a doce dobra no quadril. As mãos surpresas de Lêda tomaram com cuidado a pequena cabeça e envolveram-na de carícias. O pássaro fremia com todas as penas. Em sua asa profunda e macia, ele cerrava as pernas nuas e as fazia dobrar. Lêda deixou-se cair no chão". E, duas páginas adiante, tudo se consuma: "Lêda abria-se para ele como uma flor azul do rio. Sentia entre seus joelhos frios o calor do corpo do pássaro. De repente ela gritou: Ah!... Ah!... e seus braços tremeram como ramos pálidos. O bico penetrara-a atrozmente e a cabeça do Cisne movia-se dentro dela com furor, como se lhe comesse as entranhas, deliciosamente."

Tais páginas perderam todo o seu mistério e não têm necessidade de um psicanalista para explicá-las. O cisne é aqui um eufemismo bem inútil. Não é mais um habitante das águas. Lêda não tem qualquer direito à imagem "de uma flor azul do rio". Nenhum dos ornamentos da água está aqui em seu lugar. Malgrado o grande talento literário de Pierre Louys, *Lêda* carece de força poética. Essa novela, *Lêda ou la louange des bienheureuses ténèbres*, infringe as leis da imaginação material, que quer que as imagens variadas sejam ligadas a uma imagem fundamental.

---

20. Conservamos nas citações a ortografia escolhida pelo autor.

Em muitas outras páginas de Pierre Louys poderíamos encontrar exemplos desse nudismo literário, oculto sob a imagem do cisne. Em *Psyché*, sem preparação, sem atmosfera, sem que nada sugira nem o belo pássaro nem a água espelhante, Pierre Louys escreve (p. 63): "Aracoeli estava sentada inteiramente nua na gaveta superior de sua cômoda Império e parecia ser a Lêda do grande cisne de cobre dourado que abria suas asas na fechadura." Será preciso dizer também que Aracoeli fala de seu amante "que não morria em seus braços senão para renascer sempre mais belo"?

Também o folclore é tocado pelo "nudismo" dos cisnes. Citemos apenas uma lenda em que esse nudismo se apresenta sem sobrecarga mitológica: "Um jovem pastor da ilha de Ouessant, que guardava seu rebanho à borda de um lago, surpreso por ver ali descansarem cisnes brancos, de onde saíam belas raparigas nuas, que, após o banho, vinham retomar sua pele e voavam, contou a coisa à sua avó; ela disse que eram mulheres-cisnes e que aquele que conseguisse apoderar-se de suas vestes as obrigaria a transportá-lo ao seu belo palácio fixado às nuvens por quatro correntes de ouro." Roubar a roupa das banhistas, brincadeira de maus rapazes! Muitas vezes, nos sonhos, experimentamos tais desventuras. O cisne é aqui, em toda a acepção do termo, um símbolo de cobertura. A *mulher-cisne* pertence mais ao devaneio que aos sonhos noturnos. Ao menor pretexto, ela aparece no devaneio das águas. Às vezes um único traço a indica, o que prova seu cunho regular. Assim, num sonho de Jean-Paul, em que se acumulam alvuras imaculadas, aparecem "cisnes brancos, de asas abertas como braços". Essa imagem, em seu aspecto rudimentar, é significativa. Traz a marca de uma imaginação impulsiva, isto é, de uma imaginação que se deve apreender como uma impulsão: asas que são braços abertos designam uma felicidade da terra. É a imagem oposta a braços que são asas e que nos transportam ao céu.

XI

Em seu excesso de sobrecarga mitológica, o exemplo do *cisne* de Pierre Louys pode agora esclarecer o sentido preciso de um *complexo de cultura*. No mais das vezes o complexo de cultura liga-se a uma cultura escolar, ou seja, a uma cultura tradicional. Não parece que Pierre Louys tenha tido a paciência de um erudito como Paulus Cassel [21], que coligiu os mitos e os contos em várias literaturas para medir ao mesmo tempo a unidade e a multiplicidade do símbolo do Cisne. Pierre Louys dirigiu-se à mitologia escolar para escrever sua novela. Só poderão lê-la os "iniciados" no conhecimento *escolar* dos mitos. Mas, se tal leitor se satisfaz, sua satisfação é impura. Ele não sabe se aprecia o fundo ou a forma; não sabe se encadeia imagens ou paixões. Por vezes os símbolos são reunidos sem a menor preocupação com sua evolução simbólica. Quem fala de Lêda deve falar do cisne e do ovo. O mesmo conto reunirá as duas histórias sem penetrar o caráter mítico do ovo. Na novela de Pierre Louys acode mesmo a Lêda a idéia de que poderia "cozinhar o ovo na cinza quente, tal como vira os sátiros fazerem". De resto, vê-se que o complexo de cultura muitas vezes perde contato com os complexos mais profundos e sinceros. Ele não tarda a tornar-se sinônimo de uma tradição mal compreendida, ou, o que vem a dar no mesmo, de uma tradição ingenuamente racionalizada. A erudição clássica, como bem o mostrou Marie Delcourt [22], impõe aos mitos ligações racionais e utilitárias que eles não comportam.

A psicanálise de um complexo de cultura sempre haverá de exigir, portanto, a separação entre o que se *sabe* e o que se *sente*, como a análise de um símbolo exige a separação entre o que se vê e o que se deseja. Ante essa solução, podemos perguntar-nos se um velho símbolo é ainda vivificado por forças simbólicas, podemos avaliar mutações estéticas que por vezes vêm reanimar antigas imagens.

Assim, manejados por verdadeiros poetas, os complexos de cultura podem fazer esquecer suas formas convencionais. Podem então sustentar imagens paradoxais. Tal será a figura da *Lêda sem cisne* de Gabriel d'Annunzio. Eis a imagem inicial (p. 51): "Agora a Lêda sem cisne estava lá, tão lisa que não devia sequer ter linhas no côncavo da mão, e polida verdadeiramente pelas águas

---

21. Paulus Cassel, *Der Schwan in Sage und Leben*, Berlim, 1872.
22. Marie Delcourt, *Stérilités mystérieuses et naissances maléfiques dans l'antiquité classique*, 1938, passim.

do Eurotas." O cisne parece uma beleza trabalhada pelas águas, polida pela corrente. Por muito tempo se acreditou que ele fora o primeiro modelo dos barcos, o perfil ótimo do esquife. As velas copiariam o raro espetáculo das asas que se alçam na brisa.

Mas essa pureza e simplicidade de linhas que parece a primeira razão da metáfora de d'Annunzio corresponde a uma imaginação por demais formal. Desde que a imagem do cisne se apresenta, como uma forma, à imaginação, a água deve surgir, tudo o que cerca o cisne deve seguir o impulso da imaginação material da água. Sigamos, nesse mesmo sentido, o arroubo de metamorfoses que dá vida à poesia de Gabriel d'Annunzio. A mulher não aparece nas ondas. Aparece cercada por seus galgos brancos. Mas a mulher é tão bela e tão desejada que o símbolo misturado de Lêda e do cisne vai se formar na própria terra (p. 58): "O antigo ritmo da metamorfose circula ainda através do mundo." A água vai brotar em toda parte, no ser e fora do ser. "A jovem parecia retomada e recriada na juventude da natureza e habitada por uma fonte que vinha borbulhar contra o cristal de seus olhos. Ela era sua própria fonte, seu rio e sua margem, a sombra do plátano, o estremecimento do caniço, o veludo do musgo; os grandes pássaros sem asas assaltaram-na; e decerto, quando estendia a mão para um deles e o tomava por seu pescoço emplumado, repetia exatamente o gesto da filha de Téstio." Como expressar melhor a imanência de uma *água imaginária*? Cães, uma mulher — sob um céu italiano, na terra italiana, eis o dado. E, no entanto, atrás da imagem de um *cisne* ausente, apagado, virtual, a quem se recusa nomear, eis a *água* da *Lêda sem cisne* a invadir a cena, a banhar as personagens, a contar, apesar de tudo, sua vida legendária. Julgaríamos mal tais páginas se nos referíssemos a uma simples "associação de idéias", a uma "associação de imagens". Trata-se de um impulso mais direto, de uma produção de imagens profundamente homogêneas porque participam de uma realidade elementar da imaginação material.

XII

Imagens tão ativas como a imagem do cisne estão sujeitas a todas as amplificações. Do mesmo modo que falamos de um narcisismo cósmico, podemos, em certas páginas, reconhecer um cisne cósmico. Como diz Pierre Reverdy: "O drama universal e o drama humano tendem a igualar-se." [23] Um grande desejo crê-se um desejo universal.

Encontraremos sobre o tema do Cisne refletido pelas águas um exemplo dessa sublimação pelo enorme numa obra de juventude de Albert Thibaudet: *Le cigne rouge*. É um *mito dramático*, um mito solar cultivado (p. 175): "No fundo dos horizontes crepusculares o Cisne vermelho lança sempre seu eterno desafio... É rei do espaço, e o mar se roja como um escravo ao pé de seu trono claro. E no entanto ele é feito de mentira, como eu sou feito de carne..." Assim fala o guerreiro, e a mulher responde (p. 176): "Muitas vezes também o Cisne vermelho deslizava lentamente, pousado no coração de um halo de nácar rosa, e sua sombra arrastava sobre as coisas um longo lençol de silêncio... seus reflexos caíam sobre o mar como um aflorar de beijos." Malgrado as duas personagens que vivem do símbolo, as imagens são coerentes. O autor acredita que essas imagens são da ordem do poder guerreiro. Na verdade, as provas sexuais são abundantes: o Cisne vermelho é a mulher a ser possuída, a ser conquistada. O mito construído por Thibaudet é pois um bom exemplo de *dissimbolismo*: simbolismo com relação às imagens explicitamente enunciadas, simbolismo com relação a sua significação sexual. Se vivermos bem esse dissimbolismo, teremos a impressão de que a vista reúne as imagens tal como o coração aglomera os desejos. Uma imaginação sentimental serve de base a uma imaginação das formas. Quando um simbolismo tira suas forças do próprio coração, como crescem as visões! Parece então que as visões *pensam*. Em obras como *Le cygne rouge*, sente-se que uma meditação continua a contemplação. Eis por que as metáforas se generalizam. Eis por que elas invadem o céu.

C. G. Jung apresenta, aliás, vários argumentos que nos permitem compreender, no plano cósmico, por que o *cisne* é ao mesmo tempo o símbolo de uma luz sobre as águas e de um hino de morte. É realmente o mito do sol moribundo. A palavra alemã *Schwan* provém do radical *Swen*, como *Sonne*: sol e tom [24]; e, noutra

---

23. Pierre Reverdy, *Le gant de crin*, p. 41.
24. C. G. Jung, *Métamorphoses et symboles de la libido*, p. 331.

página (p. 156), Jung cita um poema em que a morte do cisne cantor é descrita como um *desaparecimento sob as águas*:

> *No viveiro canta o cisne,*
> *A deslizar de lá para cá*
> *E, cantando cada vez mais baixo,*
> *Mergulha e dá seu último suspiro.*

Encontraríamos facilmente outros exemplos da metáfora do cisne elevada ao nível cósmico. A lua, como o sol, pode evocar essa imagem. Tal é o caso de uma imagem de Jean-Paul: "A lua, esse belo cisne do céu, passeava sua branca plumagem do Vesúvio no alto do firmamento..."[25] Inversamente, para Jules Laforgue, o cisne é um "sucedâneo" da Lua durante o dia[26].

Em *Les moralités légendaires*, Laforgue escreveu também (p. 115): "O cisne abre as asas e, erguendo-se ereto num frêmito imponente e novo, singra a todo o pano e logo desaparece para além da Lua.

"Oh, sublime maneira de queimar seus navios! Nobre noivo."

Todas essas imagens tão díspares, tão pouco explicáveis por uma doutrina realista da metáfora, só têm realmente uma unidade graças à poesia dos reflexos, graças a um dos temas mais fundamentais da poesia das águas.

---

25. Jean-Paul, *Titan*, t. II, p. 129.
26. Jules Laforgue, *Lettres*, N. R. F., março de 1941, p. 432.

CAPÍTULO II

AS ÁGUAS PROFUNDAS — AS ÁGUAS DORMENTES — AS ÁGUAS MORTAS. "A ÁGUA PESADA" NO DEVANEIO DE EDGAR POE

> É preciso adivinhar o pintor
> para compreender a imagem.
> NIETZSCHE, *Schopenhauer*, p. 33

I

Para um psicólogo que estuda uma faculdade variável, móvel, diversa como a imaginação, é uma grande vantagem encontrar um poeta, um gênio dotado da mais rara das unidades: a *unidade de imaginação*. Edgar Poe é esse poeta, esse gênio. Nele, a unidade de imaginação é às vezes mascarada por construções intelectuais, pelo amor às deduções lógicas, pela pretensão a um pensamento matemático. Por vezes o humor exigido pelos leitores anglo-saxões das revistas díspares cobre e oculta a tonalidade profunda do devaneio criador. Mas tão logo a poesia retoma seus direitos, sua liberdade, sua vida, a imaginação de Edgar Poe recobra sua estranha unidade.

Marie Bonaparte, em sua minuciosa e profunda análise das poesias e dos contos de Edgar Poe, descobriu a principal razão psicológica dessa unidade. Provou que essa unidade de imaginação era a fidelidade a uma lembrança imperecível. Seria impossível aprofundar essa investigação que triunfou de todas as anamnésias, que penetrou no além da psicologia lógica e consciente. Por isso, utilizaremos copiosamente as lições psicológicas acumuladas no livro de Bonaparte.

Mas, ao lado dessa unidade inconsciente, acreditamos poder caracterizar na obra de Edgar Poe uma unidade dos meios de expressão, uma tonalidade do verbo que faz da obra uma *monotonia genial*. As grandes obras trazem sempre esse duplo signo: a psicologia encontra nelas um lar secreto, a crítica literária um verbo original. A língua de um grande poeta como Edgar Poe é sem dúvida rica, mas tem uma hierarquia. Sob suas mil formas, a imaginação oculta uma substância privilegiada, uma substância ativa que determina a unidade e a hierarquia da expressão. Não nos será difícil provar que em Poe essa matéria privilegiada é a água ou, mais exatamente, uma água especial, uma *água pesada*, mais profunda, mais morta, mais sonolenta que todas as águas dormentes, que todas as águas paradas, que todas as águas profundas que se encontram na natureza. A *água*, na imaginação de Edgar Poe, é um superlativo, uma espécie de substância de substância, uma substância-mãe. A poesia e o devaneio de Edgar Poe poderão assim servir-nos de tipos para caracterizar um elemento importante dessa *Química poética* que acredita poder estudar as imagens fixando para cada uma delas seu peso de devaneio interno, sua matéria íntima.

II

Se não receamos parecer tão dogmáticos, é porque temos de imediato uma prova privilegiada: em Edgar Poe, o destino das imagens da água segue com muita exatidão o destino do devaneio principal que é o devaneio da morte. Com efeito, o que Marie Bonaparte mostrou mais claramente é que a imagem que *domina* a poética de Edgar Poe é a imagem da mãe moribunda. Todas as outras amadas que a morte arrebatará, Helena, Frances, Virgínia, renovarão a imagem primordial, reavivarão a dor inicial, aquela que marcou para sempre o pobre órfão. O humano, em Poe, é a morte. Descreve-se uma vida pela morte. A *paisagem* também — como mostraremos — é determinada pelo sonho fundamental, pelo devaneio que revê incessantemente a mãe moribunda. E esta determinação é ainda mais instrutiva porque não corresponde a algo real. De fato, Elisabeth, a mãe de Edgar Poe, como Helena, a amiga, como Frances, a mãe adotiva, como Virgínia, a esposa, morreu em seu leito, de uma morte citadina. Seus túmulos acham-se num canto do cemitério, de um cemitério americano que nada tem em comum com o cemitério romântico das camáldulas onde repousará Lélia. Edgar Poe não encontrou, como Lélia, um corpo amado entre os caniços do lago. E no entanto, em torno de uma morta, para uma morta, é todo um país que ganha vida, que ganha vida adormecendo, no sentido de um repouso eterno; é todo um vale que se aprofunda e se entenebrece, que ganha uma profundidade insondável para sepultar a desgraça humana por inteiro, para tornar-se a pátria da morte humana. É, enfim, um elemento material que recebe a morte em sua intimidade, como uma essência, como uma vida abafada, como uma lembrança tão total que pode viver inconsciente, sem jamais ultrapassar a força dos sonhos.

Então toda água primitivamente clara é para Edgar Poe uma água que deve escurecer, uma água que vai absorver o negro sofrimento. Toda água viva é uma água cujo destino é entorpecer-se, tornar-se pesada. Toda água viva é uma água que está a ponto de morrer. Ora, em *poesia dinâmica*, as coisas não são o que são, são o que se tornam. Tornam-se, nas imagens, o que se tornam em nosso devaneio, em nossas intermináveis fantasias. Contemplar a água é escoar-se, é dissolver-se, é morrer.

À primeira vista, na poesia de Edgar Poe, pode-se acreditar na variedade das águas tão universalmente cantada pelos poetas. Em especial, podem-se descobrir as duas águas, a da alegria e a da dor. Mas não existe apenas uma lembrança. Nunca a água pesada se torna uma água leve, nunca uma água escura se faz clara. É sempre o inverso. O conto da água é o conto humano de uma água que morre. O devaneio começa por vezes diante da água límpida, toda em reflexos imensos, fazendo ouvir uma música cristalina. Ele acaba no âmago de uma água triste e sombria, no âmago de uma água que transmite estranhos e fúnebres murmúrios. O devaneio à beira da água, reencontrando os seus mortos, morre também ele, como um universo submerso.

III

Vamos seguir em seus detalhes a vida de uma água imaginada, a vida de uma substância assaz personalizada por uma poderosa imaginação material; vamos ver que ela reúne os esquemas da vida atraída pela morte, da vida que quer morrer. Mais exatamente, vamos ver que a água fornece o símbolo de uma vida especial atraída por uma morte especial.

Inicialmente, como ponto de partida, mostremos o amor de Edgar Poe por uma *água elementar*, por uma água imaginária que realiza o ideal de um devaneio criador porque possui o que se poderia chamar de *absoluto do reflexo*. Realmente, lendo certos poemas, certos contos, parece que o reflexo é mais real que o real, porque mais puro. Como a vida é um sonho dentro de um sonho, o universo é um reflexo dentro de um reflexo; o universo é *uma imagem absoluta*. Imobilizando a imagem do céu, o lago cria um céu em seu seio. A água, em sua jovem limpidez, é um céu invertido em que os astros adquirem uma nova vida. Assim Poe, nessa contemplação ao pé das águas, forma esse estranho conceito duplo de uma estrela-ilha (*star-isle*), de uma estrela líquida prisioneira do lago, de uma estrela que seria uma ilha do céu. A um ente querido desaparecido, Edgar Poe murmura:

> *Away, then, my dearest*
>   *Oh! hie thee away.*
> ....
> *To lone lake that smiles*
>   *In its dream of deep rest,*
> *At the many star-isles*
>   *That enjewel its breast.*

Longe, então, minha querida
  Oh! Vai-te para bem longe,
....
Para algum lago isolado que sorri,
  Em seu sonho de profundo repouso,
Para as inumeráveis ilhas-estrelas
  Que adornam seu seio com pedras preciosas.

Al. Aaraaf, p. 162

Onde está o real: no céu ou no fundo das águas? O infinito, em nossos sonhos, é tão profundo no firmamento quanto sob as ondas. Nunca se dará demasiada atenção a essas duplas imagens como a de ilha-estrela numa psicologia da imaginação. Elas são como pontos de junção do sonho, que, por elas, muda de registro, muda de matéria. Aqui, nessa articulação, a água assume o céu. O sonho dá à água o sentido da mais longínqua pátria, de uma pátria celeste.

Nos contos, essa construção do *reflexo absoluto* é ainda mais instrutiva, já que os contos reivindicam com freqüência uma verossimilhança, uma lógica, uma realidade. No canal que conduz ao domínio de Arnheim: "O navio parecia aprisionado num círculo encantado, formado de paredes de folhagem, intransponíveis e impenetráveis, com um teto de cetim de além-mar e sem plano inferior — a quilha oscilando, com admirável simetria, sobre a de um barco fantástico que, tendo se virado de alto a baixo, teria flutuado junto com o verdadeiro barco, como para sustê-lo."[1] Assim a água, por seus reflexos, duplica o mundo, duplica as coisas. Duplica também o sonhador, não simplesmente como uma vã imagem, mas envolvendo-o numa nova experiência onírica.

Efetivamente, um leitor desatento poderá ver aí apenas uma imagem desgastada. É que ele não desfrutou genuinamente da deliciosa *opticidade* dos reflexos. É que ele não viveu o papel imaginário dessa pintura natural, dessa estranha aquarela que dá umidade às mais brilhantes cores. Como, então, poderia tal leitor seguir o contista em sua tarefa de materializar o fantástico? Como poderia ele subir no barco dos fantasmas, nesse barco que de súbito se esgueira — quando a inversão imaginária é finalmente realizada — sob o barco real? Um leitor realista recusa-se a aceitar o espetáculo dos reflexos como um convite onírico: como sentiria ele a dinâmica do sonho e as espantosas impressões de leveza? Se o leitor percebesse todas as imagens do poeta, se fizesse abstração de seu realismo, sentiria enfim, fisicamente, o convite à viagem, seria também "envolvido por uma deliciosa sensação de estranheza. A idéia da natureza subsistia ainda, mas já alterada e sofrendo em seu caráter uma curiosa modificação; era uma sime-

---

1. Edgar Poe, *Histoires grotesques et sérieuses*, p. 280.

tria misteriosa e solene, uma uniformidade comovente, uma correção mágica nessas obras novas. Nem um ramo morto, nem uma folha seca se deixava entrever; nem um seixo desgarrado, nem um torrão de terra escura. A água cristalina deslizava sobre o granito liso ou sobre o musgo imaculado com uma acuidade de linha que sobressaltava o olhar e ao mesmo tempo o encantava" (p. 282). Aqui a imagem refletida está submetida a uma idealização sistemática: a miragem corrige o real, faz caírem suas rebarbas e misérias. A água dá ao mundo assim criado uma solenidade platônica. Dá-lhe também um caráter *pessoal* que sugere uma forma schopenhaueriana: num espelho tão puro, o mundo é a minha visão. Pouco a pouco, sinto-me o autor do que vejo sozinho, do que vejo do meu ponto de vista. Em *A ilha das fadas*, Edgar Poe conhece o prêmio dessa visão solitária dos reflexos: "O interesse com que... tenho contemplado o *céu* refletido em muito lago límpido tem sido um interesse grandemente aprofundado pelo pensamento... de que o contemplo sozinho."[2] Pura visão, visão solitária, eis o duplo dom das águas espelhantes. Tieck, em *As viagens de Sternbald*, sublinha da mesma forma o sentido da solidão.

Se prosseguirmos a viagem pelo rio de inumeráveis meandros que conduz ao domínio de Arnheim, teremos uma nova impressão de liberdade visual. Isso porque chegamos a uma bacia central em que a dualidade do reflexo e do real vai se equilibrar completamente. Há, acreditamos, um grande interesse em apresentar, sob forma literária, um exemplo dessa reversibilidade que Eugenio d'Ors pedia se proibisse na pintura: "Essa bacia era de grande profundidade, mas sua água era tão transparente que o fundo, que parecia consistir numa massa espessa de pequenos seixos redondos de alabastro, tornava-se distintamente visível por lampejos — isto é, cada vez que o olho conseguia *não ver*, no fundo do céu invertido, a floração repercutida das colinas." (p. 283)

Ainda uma vez, há duas maneiras de ler semelhantes textos: pode-se lê-los seguindo uma experiência positiva, num espírito positivo, tentando evocar, entre as paisagens que a vida nos fez conhecer, um local onde podemos viver e pensar à maneira do

---

2. Edgar Poe, *Nouvelles histoires extraordinaires*, p. 278.

narrador. Com tais princípios de leitura, o texto presente parece tão pobre que é muito difícil chegar ao fim da leitura. Mas pode-se também ler tais páginas tentando simpatizar com o devaneio criador, tentando penetrar até o núcleo onírico da criação literária, comungando, pelo inconsciente, com a vontade de criação do poeta. Então essas descrições entregues à sua *função subjetiva*, destacadas do realismo estático, dão outra visão do mundo, ou melhor, a visão de um outro mundo. Seguindo a lição de Edgar Poe, percebemos que o devaneio materializante — esse devaneio que sonha a matéria — é um além do devaneio das formas. Mais concisamente, compreende-se que *a matéria é o inconsciente da forma*. É a própria água em sua massa, e não mais a superfície, que nos envia a insistente mensagem de seus reflexos. Só uma matéria pode receber a carga das impressões e dos sentimentos múltiplos. Ela é um *bem* sentimental. E Poe é sincero quando nos diz que em tal contemplação "as impressões produzidas no observador eram as de riqueza, de calor, de cor, de quietude, de uniformidade, de doçura, de delicadeza, de elegância, de volúpia e de uma miraculosa extravagância de cultura" (op. cit., p. 283).

Nessa contemplação em profundidade, o sujeito toma também consciência de sua intimidade. Essa contemplação não é, pois, uma *Einfühlung* imediata, uma fusão desenfreada. É antes uma perspectiva de aprofundamento para o mundo e para nós mesmos. Permite-nos ficar distantes diante do mundo. Diante da água profunda, escolhes tua visão; podes ver à vontade o fundo imóvel ou a corrente, a margem ou o infinito; tens o direito ambíguo de ver e de não ver; tens o direito de viver com o barqueiro ou de viver com "uma nova raça de fadas laboriosas, dotadas de um bom gosto perfeito, magníficas e minuciosas". A fada das águas, guardiã da miragem, detém em sua mão todos os pássaros do céu. Uma poça contém um universo. Um instante de sonho contém uma alma inteira.

Após tal viagem onírica, quando chegarmos ao centro do domínio de Arnheim, veremos o *Castelo interior*, construído pelos quatro arquitetos dos sonhos construtores, pelos quatro grandes senhores dos elementos oníricos fundamentais: "Ele parece suster-se nos ares como por milagre — fazendo cintilar sob a rubra claridade do sol suas sacadas, seus mirantes, seus minaretes e suas torrinhas —, e parece a obra fantástica dos Silfos, das Fadas, dos Gênios e dos Gnomos reunidos." Mas a lenta introdução, totalmente dedicada à glória das construções aéreas da água, diz com bastante clareza que a água é a matéria em que a Natureza, em reflexos comoventes, prepara os castelos do sonho.

Às vezes a construção dos reflexos é menos grandiosa; então a vontade de realização é ainda mais surpreendente. Assim o pequeno lago do *Cottage Landor* refletia "tão nitidamente todos os objetos que o dominavam que era realmente difícil determinar o ponto em que a verdadeira margem acabava e onde começava a margem refletida [3]. As trutas e algumas outras variedades de peixes, de que esse lago parecia, por assim dizer, fervilhar, tinham o aspecto exato de verdadeiros peixes voadores. Era quase impossível imaginar que eles não estivessem suspensos nos ares". Assim a água torna-se uma espécie de pátria universal; ela povoa o céu com seus peixes. Uma simbiose das imagens entrega o pássaro à água profunda e o peixe ao firmamento. A inversão que jogava com o conceito ambíguo inerte da *estrela-ilha* joga aqui com o conceito ambíguo vivo *pássaro-peixe*. Se tentarmos constituir na imaginação esse conceito ambíguo, sentiremos a deliciosa ambivalência que uma imagem bem pobre adquire subitamente. Desfrutaremos um caso particular da *reversibilidade* dos grandes espetáculos da água. Se refletirmos nesses jogos produtores de súbitas imagens, compreenderemos que a imaginação tem uma necessidade incessante de dialética. Para uma imaginação bem dualizada, os *conceitos* não são centros de imagens que se acumulam por semelhança; os conceitos são pontos de cruzamentos de imagens, cruzamentos em ângulo reto, incisivos, decisivos. Após o cruzamento, o conceito tem uma característica a mais: o peixe voa e nada.

Essa fantasia do peixe que voa, da qual já estudamos um exemplo, em sua forma caótica, a propósito dos *Chants de Maldoror* [4], não é produzida, em Edgar Poe, num pesadelo. Ela é o dom do mais suave, do mais lento dos devaneios. A *truta voadora* aparece, com o natural de um devaneio familiar, numa narrativa sem drama, num conto sem mistério. Haverá mesmo uma narra-

---

3. As mesmas imagens são repetidas em *A ilha das fadas* (*L'île des fées*, p. 279).
4. Cf. Bachelard, *Lautréamont*, ed. José Corti, p. 64.

tiva, haverá mesmo um conto sob o título *Le cottage Landor*? Assim, esse exemplo é bastante propício para mostrar-nos como o devaneio sai da Natureza, como o devaneio pertence à natureza, como uma matéria fielmente contemplada produz sonhos.

Muitos outros poetas sentiram a riqueza metafórica de uma água contemplada *ao mesmo tempo* em seus reflexos e em sua profundidade. Lê-se, por exemplo, no *Prelúdio* de Wordsworth: "Quem se inclina por cima da borda de um barco lento, sobre a água tranqüila, a comprazer-se nas descobertas que seu olhar faz no fundo das águas, vê mil coisas belas — ervas, peixes, flores, grutas, seixos, raízes de árvores — e imagina muitas outras." (IV, pp. 256-73) Ele imagina muitas outras porque todos esses reflexos e todos esses objetos da profundidade o colocam no rastro das imagens, porque desse casamento do céu com a água profunda nascem metáforas simultaneamente infinitas e precisas. Assim, Wordsworth continua: "Mas não raro ele fica perplexo e nem sempre pode separar a sombra da substância, distinguir as rochas e o céu, os montes e as nuvens, refletidos nas profundezas da água clara, das coisas que habitam ali e têm ali sua verdadeira morada. Ora ele é atravessado pelo reflexo de sua própria imagem, ora por um raio de sol, e pelas ondulações vindas não sabe de onde, obstáculos que aumentam ainda mais a suavidade de sua tarefa." Como dizer melhor que a água *cruza* as imagens? Como explicar melhor seu poder de metáfora? Wordsworth, aliás, desenvolveu essa longa série de imagens para preparar uma metáfora psicológica que nos parece a metáfora fundamental da *profundidade*. "E assim", diz ele, "foi com a mesma incerteza que me deleitei longamente a me inclinar sobre a superfície do tempo decorrido." Poderíamos realmente descrever um passado sem imagens da profundidade? E jamais teremos uma imagem da *profundidade plena* se não tivermos meditado à margem de uma água profunda? O passado de nossa alma é uma água profunda.

E depois, quando foram vistos todos os reflexos, de repente olha-se a própria água; acredita-se então surpreendê-la no ato de produzir beleza; percebe-se que ela é bela em seu volume, de uma beleza interior, de uma beleza ativa. Uma espécie de narcisismo volumétrico impregna a própria matéria. Acompanha-se então, com todas as forças do sonho, o diálogo maeterlinckiano entre Palômidas e Aladim:

A água azul "é cheia de flores imóveis e estranhas... Viste a maior delas, que desabrochou sob as outras? Dir-se-ia que ela vive de uma vida cadenciada... E a água... É água?... parece mais bela e mais pura e mais azul que a água da terra...
"— Não ouso mais olhá-la".
Uma alma também é uma matéria tão grande! Não ousamos olhá-la.

IV

Tal é, portanto, o primeiro estado da imaginação da água na poética de Edgar Poe. Esse estado corresponde a um sonho de limpidez e de transparência, a um sonho com as cores claras e felizes. É um sonho efêmero na obra e na vida do desditoso contista.

Vamos agora seguir o *destino da água* na poética de Edgar Poe. Veremos que é um destino que aprofunda a matéria, que aumenta sua substância carregando-a de dor humana. Veremos oporem-se às qualidades da superfície as qualidades do volume, do volume que é — fórmula espantosa! — "uma importante consideração aos olhos do Todo-Poderoso" (*A ilha das fadas*). A água vai escurecer. E para isso vai absorver materialmente sombras.

Partamos, pois, dos lagos ensolarados e vejamos como de repente as sombras se põem a trabalhá-los. Um lado do panorama permanece claro ao redor da Ilha das fadas. Desse lado, a superfície das águas é iluminada por "uma esplêndida cascata, ouro e púrpura, vomitada pelas fontes ocidentais do céu" (p. 278). "O outro lado, o lado da ilha, estava submerso na sombra mais negra." Mas essa sombra não se deve simplesmente à cortina das árvores que escondem o céu: é mais real, mais materialmente *realizada* pela imaginação material. "A sombra das árvores caía pesadamente sobre a água e parecia sepultar-se nela, impregnando de trevas as profundezas do elemento." (p. 280)

A partir desse instante, a poesia das formas e das cores dá lugar à poesia da matéria; um sonho das substâncias tem início; uma intimidade *objetiva* se aprofunda no elemento para receber materialmente as confidências de um sonhador. Então a noite é substância como a água é substância. A substância noturna vai confundir-se intimamente com a substância líquida. O mundo do ar vai *dar* suas sombras ao riacho.

Neste ponto é necessário considerar o verbo *dar* em seu sentido concreto, como tudo o que se exprime no sonho. Não podemos contentar-nos em falar de uma árvore frondosa que dá sombra num dia de verão e que protege a sesta do que dorme. No devaneio de Edgar Poe, para um sonhador vivo, fiel à clarividência do sonho, como Edgar Poe, uma das funções do vegetal é produzir sombra da mesma forma que a sépia produz a tinta. Em cada hora de sua vida a floresta deve ajudar a noite a enegrecer o mundo. Todo dia a árvore produz e abandona uma sombra do mesmo modo que todo ano ela produz e abandona uma folhagem. "Eu imaginava que cada sombra, à medida que o sol descia mais baixo, sempre mais baixo, separava-se pesarosamente do tronco que lhe dera nascimento e era absorvida pelo regato, enquanto outras sombras nasciam a cada instante das árvores, tomando o lugar de suas primogênitas defuntas." (p. 280) Enquanto estão presas à árvore, as sombras ainda vivem: morrem ao deixá-la; e a deixam morrendo, sepultando-se na água como numa morte mais negra.

Dar assim uma sombra cotidiana que é uma parte de si mesma não é coabitar com a Morte? A morte é então uma longa e dolorosa história, e não apenas o drama de uma hora fatal; é "uma espécie de definhamento melancólico". E o sonhador, diante do riacho, pensa em seres que entregariam "a Deus sua existência pouco a pouco, esgotando devagarinho sua substância até a morte, como essas árvores entregam suas sombras uma após outra. O que a árvore que se esgota é para a água que lhe bebe a sombra e se faz mais negra com a presa que engole, a vida da Fada não seria a mesma coisa para a Morte que a traga?"

Note-se, de passagem, essa nova *inversão* que atribui ação humana ao elemento material. A água já não é uma substância que se bebe; é uma substância que bebe; ela *engole* a sombra como um xarope negro. Não há aqui uma imagem excepcional. Facilmente a encontraríamos nas fantasias da sede. Ela pode dar a uma expressão poética uma força singular, prova de seu caráter inconsciente profundo. Assim, Paul Claudel exclama: "Meu Deus... Tenha piedade dessas águas em mim que morrem de sede!"[5]

---

5. Paul Claudel, *Les cinq grandes odes*, p. 65.

Tendo *realizado* em toda a força do termo essa absorção das sombras, quando virmos passar, nos poemas de Edgar Poe, o betuminoso rio, *the naphtaline river*, de *For Annie*, em outra parte ainda (*Ulalume*) o rio escoriáceo de sulfurosas correntes, o rio açafroado, não deveremos considerá-los como monstruosidades cósmicas. Tampouco deveremos tomá-los como imagens escolares menos ou mais renovadas do rio dos infernos. Essas imagens não trazem o menor indício de um fácil complexo de cultura. Têm sua origem no mundo das imagens primordiais. Seguem o próprio princípio do sonho material. Suas águas preencheram uma função psicológica essencial: absorver as sombras, oferecer um túmulo cotidiano a tudo o que, diariamente, morre em nós.

A água é assim um convite à morte; é um convite a uma morte especial que nos permite penetrar num dos refúgios materiais elementares. Compreenderemos isso melhor quando tivermos refletido, no capítulo seguinte, sobre o *complexo de Ofélia*. Desde já, devemos notar a sedução de certo modo contínua que conduz Poe a uma espécie de *suicídio permanente*, numa espécie de dipsomania da morte. Nele, cada hora meditada é como uma lágrima viva que vai unir-se à água dos lamentos; o tempo cai gota a gota dos relógios naturais; o mundo a que o tempo dá vida é uma melancolia que chora.

Cotidianamente, a tristeza nos mata; a tristeza é a sombra que cai na água. Edgar Poe segue a longa viagem da Fada em torno de sua ilhota. Primeiro ela se mantinha ereta "sobre uma canoa singularmente frágil, movendo-a com um fantasma de remo. Enquanto esteve sob a influência dos belos raios retardatários, sua atitude pareceu traduzir alegria — mas a tristeza alterou sua fisionomia quando passou pela região da sombra. Deslizou lentamente ao longo dela, contornou a ilha pouco a pouco e tornou a entrar na região da luz.

"A revolução que acaba de ser feita pela Fada — continuei, sempre sonhando — é o ciclo de um breve ano de sua vida. Ela atravessou seu inverno e seu verão. Aproximou-se um ano da Morte; pois vi bem que, quando entrava na obscuridade, sua sombra se destacava dela e era engolida pela água sombria, tornando seu negrume ainda mais negro".

E, durante sua hora de devaneio, o contista segue toda a vida da Fada. A cada inverno, uma sombra se destaca e cai "no ébano líquido"; é absorvida pelas trevas. Todo ano, a infelicidade se abate, "um espectro mais escuro é submergido por uma sombra mais negra". E quando chega o fim, quando as trevas estão no coração e na alma, quando os seres amados nos deixaram e todos os sóis da alegria desertaram a terra, então o rio de ébano, inchado de sombras, pesado de desgostos e de remorsos tenebrosos, vai começar sua lenta e surda vida. Agora ele é o *elemento* que se lembra dos mortos.

Sem o saber, pela força de seu sonho genial, Edgar Poe reencontra a intuição heraclitiana que via a morte no devir hídrico. Heráclito de Éfeso imaginava que, no sono já, a alma, desprendendo-se das fontes do fogo vivo e universal, "tendia momentaneamente a transformar-se em unidade". Então, para Heráclito, a morte é a própria água. "É morte, para as almas, o tornar-se água." (*Heráclito*, frag. 68) Edgar Poe, parece-nos, teria compreendido este voto gravado num túmulo:

Praza a Osíris apresentar-te a água fresca. [6]

Assim, apenas no reino das imagens, percebemos progressivamente a influência da imagem da Morte sobre a alma de Poe. Acreditamos trazer, de certo modo, uma contribuição complementar para a tese demonstrada por Marie Bonaparte. Como ela descobriu, a lembrança da mãe moribunda é genialmente ativa na obra de Edgar Poe. Ela tem um poder de assimilação e de expressão singular. No entanto, se imagens tão diversas aderem tão fortemente a uma lembrança inconsciente, é porque já têm entre si uma coerência natural. Tal é, pelo menos, a nossa tese. Essa coerência, obviamente, não é lógica. Tampouco é diretamente real. Na realidade, não vemos as sombras das árvores levadas pelas águas. Mas a *imaginação material* justifica essa coerência entre as imagens e os devaneios. Qualquer que seja o valor da investigação psicológica de Marie Bonaparte, não é inútil desenvolver uma explicação da coerência da imaginação no próprio plano das imagens, no próprio nível dos meios de expressão. A esta psicologia mais superficial das imagens, nunca é demais repeti-lo, dedicamos o nosso estudo.

---

6. Ver Maspero, *Études de mythologie et d'archéologie*, I, pp. 336 ss.

V

Quem se enriquece se entorpece. Essa água rica de tantos reflexos, de tantas sombras, é uma *água pesada*. É a água verdadeiramente característica da metapoética de Edgar Poe. É a mais pesada de todas as águas.

Vamos dar imediatamente um exemplo em que a água imaginária se encontra no máximo de sua densidade. Tirá-lo-emos das *Aventuras de Arthur Gordon Pym de Nantucket*. Essa obra, como se sabe, é uma narrativa de viagens, uma narrativa de naufrágios. A narrativa está atulhada de detalhes técnicos relacionados com a vida marítima. Numerosas são as páginas em que o narrador, fanático por idéias científicas menos ou mais sólidas, chega a uma sobrecarga fatigante de observações técnicas. A preocupação com a precisão é tal que os náufragos morrendo de fome seguem no calendário a história de seus infortúnios. Na época dos primórdios da minha cultura, essa obra apenas me entediava, e, embora fosse desde os vinte anos um admirador de Edgar Poe, não tive coragem para concluir a leitura dessas intermináveis e monótonas aventuras. Quando compreendi a importância das revoluções realizadas pelas novas psicologias, retomei todas as antigas leituras, e em primeiro lugar aquelas que tinham aborrecido um leitor deformado pela leitura positiva, realista, científica; retomei especialmente a leitura de Gordon Pym, desta vez situando o drama onde ele se encontra — onde se encontra todo o drama —, nos confins do inconsciente e do consciente. Compreendi então que essa aventura, que aparentemente decorre em dois oceanos, é na realidade uma aventura do inconsciente, uma aventura que se move na noite de uma alma. E esse livro, que o leitor guiado pela cultura de retórica pode considerar pobre e inacabado, revelou-se, ao contrário, como o total arremate de um sonho dotado de singular unidade. A partir de então, recoloquei Pym entre as grandes obras de Edgar Poe. Com base nesse exemplo, de forma muito clara, compreendi o valor dos *novos processos de leitura* fornecidos pelo *conjunto* das novas escolas psicológicas. Quando se lê uma obra com esses novos meios de análise, participa-se de sublimações muito variadas que aceitam imagens distantes e que dão impulso à imaginação em múltiplos caminhos. A crítica literária clássica entrava esse impulso divergente.

Em suas pretensões a um conhecimento psicológico instintivo, a uma intuição psicológica nativa, que não se aprende, ela remete as obras literárias a uma experiência psicológica obsoleta, a uma experiência repisada, a uma *experiência fechada*. Simplesmente esquece a função poética, que é dar uma nova forma ao mundo que só existe poeticamente quando é incessantemente reimaginado.

Mas aqui está a espantosa página em que nenhum viajante, nenhum geógrafo, nenhum realista reconhecerá uma água terrestre. A ilha onde se encontra essa água extraordinária está situada, segundo o narrador, "a 83° 20' de latitude e 43° 5' de longitude oeste". Essa água serve de bebida a todos os selvagens da ilha. Veremos se ela pode estancar a sede, se pode, como a água do grande poema de Annabel Lee, "estancar qualquer sede".

"Em virtude da característica dessa água", diz a narrativa [7], "recusamo-nos a tomá-la, supondo que estava corrompida; e só um pouco mais tarde é que chegamos a compreender que assim era a fisionomia de todos os cursos d'água em todo esse arquipélago. Não sei realmente como fazer para dar uma idéia nítida da natureza desse líquido, e não posso fazê-lo sem empregar muitas palavras. Embora essa água corresse com rapidez sobre todas as encostas, como teria feito qualquer água comum, no entanto ela nunca tinha, exceto nas quedas e nas cascatas, a aparência habitual da *limpidez*. Devo dizer, porém, que ela era tão límpida como nenhuma outra água calcária existente, e a diferença estava apenas na aparência. À primeira vista, particularmente no caso em que a declividade era pouco sensível, ela se assemelhava um pouco, quanto à consistência, a uma espessa dissolução de goma arábica na água comum. Mas esta era apenas a menos notável de suas extraordinárias qualidades. Não era incolor; tampouco tinha uma cor uniforme qualquer, e ao correr oferecia à vista todas as variedades da púrpura, como cintilações e reflexos de sede cambiante... Enchendo com essa água uma bacia qualquer, deixando-a assentar e chegar ao seu nível, notávamos que toda a massa de líquido era feita de um certo número de veias distintas, cada qual de uma cor específica; que essas veias não se mistura-

---

7. Poe, *Aventures d'Arthur Gordon Pym*, pp. 210-11.

vam; e que sua coesão era perfeita relativamente às moléculas de que se compunham, e imperfeita no tocante às veias vizinhas. Fazendo passar a ponta de uma faca através das fatias, a água se fechava subitamente atrás da ponta; e quando esta era retirada todos os vestígios da passagem da lâmina ficavam imediatamente obliterados. Mas, se a lâmina interseccionasse cuidadosamente duas veias, operava-se uma separação perfeita, que o poder de coesão não retificava de imediato. Os fenômenos dessa água formaram o primeiro elo definido dessa vasta cadeia de milagres aparentes pelos quais, com o tempo, eu devia estar cercado."

Marie Bonaparte não deixou de citar estas duas páginas extraordinárias. Cita-as em seu livro [8], depois de já ter resolvido o problema das fantasias dominantes que conduzem o contista. E acrescenta, simplesmente: "Não é difícil reconhecer nessa água o sangue. A idéia de veias é expressamente mencionada, e essa terra, 'que diferia essencialmente de todas as outras até então visitadas pelos homens civilizados' e onde nada do que se percebe é 'familiar', é ao contrário o que há de mais familiar a todos os homens: um corpo cujo sangue, antes mesmo do leite, um dia nos alimentou — o de nossa mãe, que por nove meses nos albergou. Dirão que nossas interpretações são monótonas e retornam constantemente ao mesmo ponto. A culpa não é nossa, mas do inconsciente dos homens, que vai buscar em sua pré-história os temas eternos sobre os quais, em seguida, borda mil variações diferentes. Que há de surpreendente, então, se abaixo dos arabescos dessas variações os mesmos temas reaparecem sempre?"

Fizemos questão de citar detalhadamente essa explicação psicanalítica. Ela fornece um luminoso exemplo do *materialismo orgânico*, tão ativo no inconsciente, como já assinalamos em nossa Introdução. Para o leitor que estudou página por página a grande obra de Bonaparte, não resta dúvida de que as hemoptises que arrastaram para a morte primeiro a mãe, depois todas as mulheres fielmente amadas por Edgar Poe marcaram por toda a vida o inconsciente do poeta. É o próprio Poe quem escreve: "E esta palavra — sangue —, esta palavra suprema, esta rainha das palavras — sempre tão rica de mistério, de sofrimento e de terror —, como ela me pareceu então três vezes mais prenhe de significado!

---

8. Marie Bonaparte, *Edgar Poe*, p. 418.

Como esta sílaba vaga (*blood*) — destacada da série das palavras precedentes que a qualificavam e a tornavam distinta — caía, pesada e gelada, entre as profundas trevas de minha prisão, nas regiões mais íntimas de minha alma!" (*Pym*, p. 47) Explica-se pois que, para um psiquismo tão acentuado, tudo o que, na natureza, corre pesadamente, dolorosamente, misteriosamente seja como um sangue maldito, como um sangue que transporta a morte. Quando um líquido se valoriza, aparenta-se a um líquido orgânico. Há, portanto, uma poética do sangue. É uma poética do drama e da dor, pois o sangue nunca é feliz.

Há, porém, lugar para uma poética do sangue *valoroso*. Paul Claudel dará vida a essa poética do *sangue vivo*, tão diferente da poesia de Edgar Poe. Citemos um exemplo em que o sangue é uma água assim valorizada: "Toda água nos é desejável; e por certo, mais que o mar virgem e azul, ela recorre ao que existe em nós entre a carne e a alma, nossa água humana, carregada de virtude e de espírito, o ardente sangue obscuro." [9]

Com Gordon Pym, estamos aparentemente nos antípodas da vida íntima: as aventuras querem-se geográficas. Mas o contista que começa por uma narração descritiva sente a necessidade de dar uma impressão de estranheza. É preciso, pois, inventar; é preciso apelar para o inconsciente. Por que a água, esse líquido universal, não poderia, também ela, receber uma propriedade singular? A água encontrada será, por conseguinte, um líquido inventado. A invenção, submetida às leis do inconsciente, sugere um líquido orgânico. Poderia ser o leite. Mas o inconsciente de Edgar Poe traz uma marca especial, uma marca fatal: a valorização se fará pelo sangue. Aqui, o consciente intervém: a palavra *sangue* não será escrita nessa página. Se a palavra fosse pronunciada, tudo se coligaria contra ela: o consciente a recalcaria logicamente como um absurdo, experimentalmente como uma impossibilidade, intimamente como uma lembrança maldita. A água extraordinária, a água que surpreende o viajante, será pois o sangue não-nomeado, o sangue inominável. Eis a análise com relação ao autor. E com relação ao leitor? Ou — o que está longe de ser geral — o inconsciente do leitor possui a valorização do

---

9. Paul Claudel, *Connaissance de l'est*, p. 105.

sangue: a página é legível e pode até, com boa orientação, emocionar; pode também desagradar ou mesmo repugnar, o que é ainda sinal de valorização. Ou então essa valorização do líquido pelo sangue falta no leitor: a página perde todo o interesse; é incompreensível. Em nossa primeira leitura, na época de nossa alma "positiva", víamos ali apenas uma arbitrariedade fácil demais. Depois compreendemos que, se essa página não tinha nenhuma verdade *objetiva*, tinha pelo menos um sentido *subjetivo*. Esse sentido subjetivo força a atenção de um psicólogo que se demora reencontrando os sonhos que preludiam as obras.

Não nos parece, no entanto, que a psicanálise clássica, cujas lições procuramos seguir nesta interpretação particular, explique todas as imagens. Ela negligencia o estudo da zona situada entre o sangue e a água, entre o inominável e o nomeado. É precisamente nessa zona intermediária, em que a expressão exige "muitas palavras", que a página de Edgar Poe traz a marca de líquidos efetivamente experimentados. Não foi o inconsciente que sugeriu a experiência do canivete que desliza entre as veias da água extraordinária. É necessária aí uma experiência positiva da "água fibrilar" de um líquido que, embora informe, tem uma estrutura interna e que, como tal, diverte interminavelmente a imaginação material. Acreditamos, pois, poder afirmar que Edgar Poe se interessou, na infância, pelas geléias e gomas; percebendo que uma goma que se torna espessa assume uma estrutura fibrosa, ele passou a lâmina de uma faca entre as fibras. Ele próprio o diz, por que não acreditá-lo? Sem dúvida, ele pensou no sangue ao trabalhar as gomas; mas foi por ter trabalhado as gomas — como tantos outros! — que não hesitou em incluir numa narrativa *realista* rios que correm lentamente, que correm respeitando as veias como uma água espessada. Edgar Poe fez passar ao nível cósmico experiências restritas, segundo a lei da imaginação ativa, já mencionada. Nos entrepostos em que ele brincava quando criança, havia melaço. Outra matéria "melancólica". Hesita-se em prová-la, sobretudo quando se tem um pai adotivo severo como John Allan. Mas é agradável mexê-la com a colher de pau. Que alegria também em esticar e cortar o malvaísco! A química natural das matérias familiares dá uma primeira lição aos sonhadores que não hesitam em escrever poemas cosmológicos. A água pesada da metapoética de Edgar Poe tem seguramente "um componente" que procede de uma física muito pueril. Tínhamos de indicá-lo, antes de retomar o exame de "componentes" mais humanos, mais dramáticos.

VI

Se a água é, como prentendemos, a matéria fundamental para o inconsciente de Edgar Poe, ela deve comandar a terra. É o sangue da Terra. A vida da Terra. É a água que vai arrastar toda a paisagem para seu próprio destino. Em particular, uma determinada água, um determinado vale. Na poesia de Edgar Poe, os vales mais claros se ensombrecem:

> Once *it smiled a silent dell*
> *Where the people did not dwell*
> ....
> Now *each visitor shall confess*
> *The sad valley's restlessness.*
>
> *Outrora* sorria um vale silencioso
> Onde ninguém morava
> ....
> *Agora* cada visitante confessará
> A agitação do triste vale.
>
> *The valley of unrest*

A inquietação, mais cedo ou mais tarde, deve surpreender-nos no vale. O vale acumula as águas e as preocupações, uma água subterrânea o escava e o trabalha. Esse destino latente, eis o que faz com que "não gostaríamos de viver em nenhuma das paisagens poescas", como observa. Marie Bonaparte: "Para as paisagens lúgubres, isso é óbvio; quem habitaria a Casa de Usher? Mas as paisagens risonhas de Poe são tão repulsivas como as primeiras; são demasiado voluntariamente suaves, demasiado artificiais, em nenhuma parte delas a natureza viva respira." (p. 322)

Para melhor sublinhar a tristeza de toda beleza, acrescentaríamos que em Poe a beleza se paga pela morte. Noutras palavras, em Poe, *a beleza é uma causa de morte*. Tal é a história comum da mulher, do vale, da água. O belo vale, jovem e claro por um momento, deve pois tornar-se necessariamente um quadro da morte, o quadro de uma morte característica. A morte do vale e das águas não é, em Poe, um romântico outono. Não é feita de folhas mortas. As árvores não amarelecem. Simplesmente, as folhagens passam do verde claro para um verde escuro, para um verde material, para um verde carregado, que é, acreditamos, a cor fundamental da metapoética de Edgar Poe. As próprias trevas têm quase sempre, na visão poesca, essa cor verde: "Os olhos seráficos viram as trevas deste mundo: esse verde cinzento (*that greyish green*) que a Natureza prefere para o túmulo da Beleza." (*Al Aaraaf*) É que, mesmo sob o signo das cores, a Morte é, em Poe, colocada numa luz especial. É a morte maquiada com as cores da vida. Marie Bonaparte, em numerosas páginas, fixou o sentido psicanalítico da noção de *Natureza*. Em particular, eis como ela especifica o sentido da Natureza em Edgar Poe: "Para cada um de nós, a natureza não passa de um prolongamento de nosso narcisismo primitivo que, no começo, tomou para si a mãe, nutridora e envolvente. Como para Poe a mãe se tornara precocemente um cadáver (o cadáver, é verdade, de uma mulher jovem e bonita), que há de surpreendente no fato de as paisagens poescas, mesmo as mais floridas, terem sempre alguma coisa de um cadáver maquiado?" (p. 322)

É em tal natureza, fusão do passado e do presente, fusão da alma e das coisas, que repousa o *lago de Auber*, o lago poesco por excelência. Ele pertence apenas à geografia íntima, à geografia subjetiva. Tem seu lugar não no "mapa do meigo", mas no "mapa do melancólico", no "mapa da infelicidade humana".

"Era bem perto do obscuro lago de Auber, na brumosa região média de Weir — era ali, perto do úmido charco de Auber, no bosque assombrado pelos vampiros de Weir." (*Ulalume*)

Alhures, no lago da *Terra de sonho*, voltarão os mesmos fantasmas, os mesmos vampiros. Será *pois* o mesmo lago, a mesma água, a mesma morte. "Pelos lagos que assim transbordam de suas águas solitárias, solitárias e mortas — suas águas tristes, tristes e geladas da neve dos lírios inclinados — pelas montanhas — pelos bosques cinzentos — pelo pântano onde vivem o sapo e o lagarto — pelas poças e (as) lagoas lúgubres — onde habitam os Vampiros — em todo lugar mais difamado — em todo canto mais melancólico: em toda parte o viajor encontra, sobressaltadas, as Reminiscências do Passado." (*Terra de sonho*)

Essas águas, esses lagos são nutridos pelas lágrimas cósmicas que caem da natureza inteira: "Negro vale — e curso de água umbroso — e bosques semelhantes a nuvens, cujas formas não se podem descobrir devido às lágrimas que gotejam por toda parte." O próprio sol chora sobre as águas: "Uma influência orvalhada, soporífera, vaga, goteja desse halo de ouro." (*Irène*) É na verdade uma *influência* de infelicidade que cai do céu sobre as águas, uma influência astrológica, isto é, uma matéria tênue e tenaz, trazida pelos raios como um mal físico e material. Essa *influência* traz à água, no próprio estilo da alquimia, a *tinta da dor universal*, a tinta das lágrimas. Ela faz da água de todos esses lagos, de todos esses pântanos, a água-mãe da tristeza humana, a matéria da melancolia. Já não se trata de impressões vagas e gerais; trata-se de uma participação material. O sonhador já não sonha imagens, sonha matérias. Pesadas lágrimas trazem ao mundo um sentido humano, uma vida humana, uma matéria humana. O romantismo alia-se aqui a um estranho materialismo. Mas, inversamente, o materialismo imaginado pela imaginação material assume aqui uma sensibilidade tão aguda, tão dolorosa, que pode abranger todas as dores do poeta idealista.

VII

Acabamos de reunir numerosos documentos — que facilmente poderíamos multiplicar — para provar que a água imaginativa impõe o seu devir psicológico a todo o universo na metapoética de Edgar Poe. Agora precisamos ir à própria essência dessa *água morta*. Compreenderemos então que a água é o verdadeiro *suporte* material da morte, ou ainda, por uma inversão perfeitamente natural na psicologia do inconsciente, compreenderemos em que sentido profundo, para a imaginação material marcada pela água, a morte é a hidra universal.

Em sua forma simples, o teorema de psicologia do inconsciente que propomos parece banal; é a sua demonstração que motiva, queremos crer, lições psicológicas novas. Eis a proposição a demonstrar: as águas imóveis evocam os mortos porque as águas mortas são águas dormentes.

Com efeito, as novas psicologias do inconsciente ensinam que os mortos, enquanto ainda estão entre nós, são para o nosso inconsciente pessoas adormecidas. Estão descansando. Após os funerais eles são para o inconsciente pessoas ausentes, isto é, dormidores mais escondidos, mais cobertos, mais adormecidos. Só despertam quando nosso próprio sono nos dá um sonho mais profundo que a lembrança; reencontramo-nos, com os desaparecidos, na pátria da Noite. Alguns vão dormir muito longe, nas margens do Ganges, num "reino perto do mar", no "mais verde dos vales", perto das águas anônimas e sonhadoras. Mas estão sempre dormindo:

> *... os mortos estão todos dormindo*
> *pelo menos por tanto tempo quanto chora o Amor.*
> ....
> *por tanto tempo quanto as lágrimas nos olhos da lembrança.*
>
> Irène, p. 218

O lago das águas dormentes é o símbolo desse sono total, desse sono do qual não se deseja despertar, desse sono guardado pelo amor dos vivos, embalado pelas litanias da lembrança:

> *Semelhante a Lete, vede! o lago*
> *parece gozar de um sono consciente,*
> *e não desejaria, por nada desse mundo, despertar;*
> *o alecrim dorme sobre o túmulo*
> *o lírio se estende sobre a onda*
> ....
> *Toda a Beleza está dormindo.*
>
> Irène, p. 218

Estes versos da juventude serão retomados em *Adormecida*, um dos últimos poemas escritos por Edgar Poe. Irène, como convém à evolução do Inconsciente, tornou-se neste último poema a anônima adormecida, a morta íntima mas sem nome que dorme "sob a lua mística... no vale universal". "O alecrim saúda o túmulo, o lírio flutua sobre as ondas; envolvendo de bruma o seu seio, a ruína se amontoa no repouso; comparável ao Lete, vede! o lago parece saborear o sono consciente e, para o mundo, não despertaria. Toda a Beleza está dormindo."

Estamos aqui no próprio cerne do drama metafísico de Edgar Poe. É aqui que assume seu pleno sentido o lema de sua obra e de sua vida:

> *I could not love except where Death*
> *Was mingling his with Beauty's breath...*
>
> Não pude amar senão lá onde a Morte
> Mesclava seu hálito ao da Beleza...

Estranho lema dos vinte anos, que fala já no passado depois de tão curto passado e que no entanto transmite o sentido profundo e a fidelidade de toda uma vida [10].

Assim, para compreender Edgar Poe, é preciso, em todos os momentos decisivos dos poemas e dos contos, fazer a síntese da Beleza, da Morte e da Água. Essa síntese da Forma, do Acontecimento e da Substância pode parecer artificial e impossível ao filósofo. E no entanto ela se propaga por toda parte. Quando se ama, logo se *admira*, se *teme*, se *conserva*. No devaneio, as três causas que comandam a forma, o devir e a matéria unem-se tão bem que são inseparáveis. Um sonhador em profundidade, como Edgar Poe, reuniu-as numa única força simbólica.

Eis, portanto, por que a água é a matéria da morte bela e fiel. Só a água pode dormir conservando sua beleza; só a água pode morrer, imóvel, conservando seus reflexos. Refletindo o rosto do sonhador fiel à Grande Lembrança, à Sombra Única, a água dá beleza a todas as sombras, faz reviverem todas as lembranças. Nasce assim uma espécie de narcisismo delegado e recorrente que dá beleza a todos os que amamos. O homem mira-se em seu passado, toda imagem é para ele uma lembrança.

Em seguida, quando o espelho das águas se empana, quando a lembrança se esfuma, se afasta, se sufoca:

---

10. Marie Bonaparte (p. 28) observa que "estas linhas foram suprimidas por Poe e conseqüentemente não foram traduzidas por Mallarmé". Essa supressão não será uma prova da extraordinária importância da fórmula? Não mostra ela a clarividência de Poe, que acreditou dever ocultar o segredo de seu gênio?

> ... *quando uma semana ou duas se passaram,*
> *e o riso leve abafa o suspiro,*
> *indignado do túmulo, ele toma*
> *seu caminho rumo a algum lago relembrado*
> *onde tantas vezes — quando vivo — com amigos — ele vinha*
> *banhar-se no puro elemento,*
> *e ali, da erva não pisada,*
> *traçando em guirlanda para sua fronte transparente*
> *essas flores que dizem (ah, escuta-as agora!)*
> *aos ventos noturnos que passam,*
> *"Ai! Ai! ai de mim! — ai de mim!"*
> *escuta por um momento, antes de partir,*
> *as águas claras que correm por ali,*
> *depois mergulha (oprimido de dor)*
> *no céu incerto e tenebroso.*
>
> *Irène*

Ó tu, fantasma das águas, único fantasma límpido, único fantasma "de fronte transparente", de coração que não me escondia nada, espírito de meu rio! possa teu sono,

enquanto durar, ser tão profundo.

VIII

Há, enfim, um signo de morte que dá às águas da poesia de Edgar Poe um cunho estranho, inolvidável. É o seu silêncio. Como acreditamos que a imaginação, em sua forma criadora, impõe um devir a tudo o que ela cria, mostraremos, sobre o tema do silêncio, que a água na poesia de Edgar Poe *torna-se* silenciosa.

A alegria das águas em Poe é tão efêmera! Edgar Poe terá rido alguma vez? Após alguns riachos alegres, bem perto de sua fonte, os rios não tardam a calar-se. Suas vozes baixam depressa, progressivamente, do murmúrio ao silêncio. Até mesmo esse murmúrio que animava sua vida confusa é estranho; é como que estrangeiro à onda que foge. Se alguém ou alguma coisa fala na superfície, é um vento ou um eco, algumas árvores da margem que confiam suas queixas umas às outras, é um fantasma que sopra, que sopra baixinho. "De cada lado desse rio de leito lodoso estende-se, a uma distância de várias milhas, um pálido deserto de gigantescos nenúfares. Eles suspiram um para o outro nessa solidão e estendem para o céu seus longos pescoços de espectros, e abanam de um lado e de outro suas cabeças sempiternas. E evola-se deles um murmúrio confuso, semelhante ao de uma torrente subterrânea. E suspiram um para o outro."[11] Eis o que se ouve perto do rio, não sua voz, mas um suspiro, o suspiro das plantas langorosas, a carícia triste e farfalhante da folhagem. Já, já, o próprio vegetal vai se calar. E depois, quando a tristeza se abater sobre as pedras, todo o universo ficará mudo, mudo de um terror inexprimível. "Então fiquei irritado, e amaldiçoei com a maldição do *silêncio* o rio e os nenúfares, e o vento, e a floresta, e o céu, e o trovão, e os suspiros dos nenúfares. E eles foram atingidos pela maldição, e ficaram mudos." (p. 273) Pois o que fala no fundo dos seres, do fundo dos seres, o que fala no seio das águas, é a voz de um remorso. É preciso fazê-los calar, é preciso responder ao mal com a maldição; tudo o que geme em nós e fora de nós, é preciso golpeá-lo com a maldição do silêncio. E o Universo compreende as censuras de uma alma ferida, e o Universo se cala, e o regato indisciplinado pára de rir, a cascata de cantarolar, o rio pára de cantar.

E tu, sonhador, que o silêncio reentre em ti! Ao pé da água, escutar os mortos sonharem é já impedi-los de dormir.

Aliás, a própria felicidade, será que ela fala? Será que a verdadeira felicidade canta? No tempo da felicidade de Eleonora, já o rio tinha conquistado a gravidade do silêncio eterno: "Nós o chamávamos o rio do silêncio; pois parecia que ele tinha em seu curso uma influência apaziguadora. Nenhum murmúrio se elevava de seu leito, e ele passeava por toda parte tão suavemente que os grãos de areia, semelhantes a pérolas, que gostávamos de contemplar na profundeza de seu seio, não se mexiam absolutamente, cada qual em seu antigo lugar primitivo e cintilando com um brilho eterno."[12]

É a essa água imóvel e silenciosa que os amantes pedem os exemplos da paixão: "Havíamos tirado o deus Eros dessa onda, e sentíamos agora que ele reacendera em nós as almas ardentes de nossos ancestrais... todas juntas, as paixões sopraram sua bea-

---

11. Poe, "Silence", apud *Nouvelles histoires extraordinaires*, p. 270.
12. Poe, "Éléonora", apud *Histoires grotesques et sérieuses*, p. 171.

titude delirante sobre o Vale do Gazon-Diapré." [13] (p. 173) Assim, a alma do poeta está tão ligada à inspiração da água que é da própria água que devem nascer as *chamas do amor*, que é a água que guarda "as almas ardentes dos ancestrais". Quando um franzino Eros das águas "reacende" por um instante duas almas passageiras, então as águas, por um instante, têm alguma coisa a dizer: do seio do rio se evolou "pouco a pouco um murmúrio que foi crescendo até transformar-se numa melodia embaladora, mais divina que a da harpa de Éolo, mais suave que tudo o que não era a voz de Eleonora" (p. 174).

Mas Eleonora "vira que o dedo da Morte estava sobre o seu seio, e que, como o efêmero, ela só estava perfeitamente madura para morrer" (p. 175). Então as tintas do verde tapete empalideceram, então os asfódelos cederam lugar às sombrias violetas, então "os peixes de ouro e de prata fugiram nadando através da garganta, rumo à extremidade inferior do nosso domínio, e nunca mais embelezaram o delicioso rio". Enfim, após os raios e as flores, perdem-se as harmonias. Finalmente cumpre-se, no reino dos seres e das vozes, o destino das águas tão características da poesia de Poe: "A música acariciante... morreu pouco a pouco em murmúrios que iam se enfraquecendo gradualmente, até que todo o riacho voltou enfim à solenidade de seu silêncio original."

Água silenciosa, água sombria, água dormente, água insondável, quantas lições materiais para uma meditação da morte. Mas não é a lição de uma morte heraclitiana, de uma morte que nos leva para longe com a corrente, como uma corrente. É a lição de uma morte imóvel, de uma morte em profundidade, de uma morte que permanece conosco, perto de nós, em nós.

Bastará um vento noturno para que a água que se calara fale-nos mais uma vez... Bastará um raio de lua, muito suave, muito pálido, para que o fantasma caminhe de novo sobre as ondas.

---

13. A pradaria, a pradaria obra do rio, é por si só, para certas almas, um tema de tristeza. Na verdadeira pradaria das almas, crescem apenas asfódelos. Os ventos não encontram aí as árvores cantoras, mas somente as ondas silenciosas da uniforme vegetação. Estudando o *tema da pradaria*, poderíamos perguntar-nos que demônio conduziu Edgar Poe "à pradaria da infelicidade" visitada outrora por Empédocles.

CAPÍTULO III

O COMPLEXO DE CARONTE. O COMPLEXO DE OFÉLIA

> Silêncio e lua... Cemitério e natureza...
> JULES LAFORGUE,
> *Moralités légendaires*, p. 71

I

Os mitólogos amadores algumas vezes são úteis. Trabalham de boa fé na zona de primeira racionalização. Deixam pois inexplicado o que "explicam", porquanto a razão não explica os sonhos. Também classificam e sistematizam um tanto depressa as fábulas. Mas essa rapidez tem suas vantagens. Ela simplifica a classificação. Mostra também que essa classificação, tão facilmente aceita, corresponde a tendências reais que se mostram ativas no espírito do mitólogo e de seu leitor. Assim é que o suave e prolixo Saintine, autor de *Picciola* e do *Chemin des écoliers*, escreveu uma *Mythologie du Rhin* que pode nos fornecer uma lição elementar para classificar rapidamente as nossas idéias. Saintine, cerca de um século atrás, compreendeu a importância primordial do culto das árvores [1]. A esse culto das árvores ele liga o culto dos mortos. E Saintine enuncia uma lei que poderíamos chamar de *lei das quatro pátrias da Morte*, e que está em relação evidente com a lei da imaginação das quatro matérias elementares:

---

1. Saintine era um filósofo bem-educado. No final do primeiro capítulo, pode-se ler estas palavras sobre as quais nós mesmos temos meditado com freqüência: "De mais a mais, eu, mitólogo, serei obrigado a provar o que quer que seja?"

"Os celtas [2] usavam de diversos e estranhos meios em face dos despojos humanos para fazê-los desaparecer. Em um certo país, eles eram queimados e a árvore nativa fornecia a lenha da fogueira; em outro, o *Todtenbaum* (a árvore de morto), escavada pelo machado, servia de esquife ao seu proprietário. O esquife era enterrado, a menos que o entregassem à corrente do rio, encarregado de transportá-lo sabe Deus para onde! Enfim, em certos cantões havia um uso — uso terrível! — que consistia em expor o corpo à voracidade das aves de rapina; e o lugar dessa exposição lúgubre era o alto, o cimo dessa mesma árvore plantada no dia do nascimento do defunto e que desta vez, por exceção, não devia tombar junto com ele." E Saintine acrescenta, sem fornecer provas e exemplos bastantes: "Ora, que é que vemos nesses quatro meios tão contrastados de restituir os despojos humanos ao ar, à água, à terra e ao fogo? Quatro gêneros de funerais, praticados em todas as épocas, e mesmo ainda hoje, nas Índias, entre os sectários de Brahma, de Buda ou de Zoroastro. Os parsis de Bombaim, como os dervixes afogadores do Ganges, sabem alguma coisa sobre isso." Por fim, Saintine relata que, "por volta de 1560, operários holandeses, ocupados em escavar um aterro do Zuydersee, encontraram, a uma grande profundidade, vários troncos de árvores miraculosamente conservados por petrificação. Cada um desses troncos tinha sido habitado por um homem, do qual conservava alguns restos, eles próprios quase fossilizados. Evidentemente, era o Reno, o Ganges da Alemanha, que os transportara até ali, um carregando o outro".

Ao nascer, o homem era consagrado ao vegetal, tinha sua árvore pessoal. Era preciso que a morte gozasse da mesma proteção que a vida. Assim recolocado no coração do vegetal, devolvido ao seio vegetante da árvore, o cadáver era entregue ao fogo; ou à terra; ou então ficava esperando na folhagem, no cimo das florestas, a dissolução no ar, dissolução ajudada pelos pássaros da Noite, pelos mil fantasmas do Vento. Ou, enfim, mais intimamente, sempre estendido em seu esquife *natural*, em seu *duplo* vegetal, em seu sarcófago vivo e devorador, na Árvore — entre dois nós —, ele era entregue à água, abandonado às ondas.

---

2. X.-B Saintine, *La mythologie du Rhin et les contes de la mère-grand*, 1863, pp. 14-5.

II

Essa partida do morto sobre as águas é apenas um dos aspectos do interminável devaneio da morte. Corresponde somente a um quadro *visível*, e poderia enganar sobre a profundidade da imaginação material que medita sobre a morte, como se a própria morte fosse uma substância, uma vida numa substância nova. A água, substância de vida, é também substância de morte para o devaneio ambivalente. Para bem interpretar o *Todtenbaum*, a árvore de morto, é necessário lembrar, com C. G. Jung [3], que a árvore é antes de tudo um símbolo maternal; como a água é também um símbolo maternal, pode-se perceber no *Todtenbaum* uma estranha imagem do encaixe dos germes. Colocando o morto no seio da árvore, confiando a árvore ao seio das águas, duplicam-se de certa forma os poderes maternais, vive-se duplamente esse mito do sepultamento pelo qual se imagina, diz-nos C. G. Jung, que "o morto é devolvido à mãe para ser re-parido". A morte nas águas será para esse devaneio a mais maternal das mortes. O desejo do homem, diz Jung alhures, "é que as sombrias águas da morte se transformem nas águas da vida, que a morte e seu frio abraço sejam o regaço materno, exatamente como o mar, embora tragando o sol, torna a pari-lo em suas profundidades... Nunca a Vida conseguiu acreditar na Morte!" (p. 209)

III

Aqui, uma pergunta me oprime: *Não terá sido a Morte o primeiro Navegador?*

Muito antes que os vivos se confiassem eles próprios às águas, não terão colocado o ataúde no mar, na torrente? O ataúde, nesta hipótese mitológica, não seria a *última barca*. Seria a *primeira* barca. A morte não seria a *última* viagem. Seria a *primeira viagem*. Ela será, para alguns sonhadores profundos, a primeira viagem verdadeira.

Evidentemente, essa concepção da viagem marinha tem imediatamente contra si as explicações utilitárias. Queremos sempre que o homem primitivo seja nativamente engenhoso. Queremos sempre que o homem pré-histórico tenha resolvido inteligente-

---

3. C. G. Jung, *Métamorphoses et symboles de la libido*, p. 225.

mente o problema de sua subsistência. Em particular, admite-se sem dificuldade que a utilidade é uma idéia clara e que ela sempre teve o valor de uma evidência segura e imediata. Ora, o conhecimento útil é já um conhecimento racionalizado. Inversamente, conceber uma *idéia primitiva* como uma *idéia útil* é cair numa *racionalização* ainda mais capciosa na medida em que atualmente a utilidade está compreendida num sistema de utilitarismo muito completo, muito homogêneo, muito material, muito nitidamente fechado. O homem, ai de nós!, não é lá tão racional! Ele tem tanta dificuldade em descobrir o útil como o verdadeiro...

Em todo caso, sobre o problema que nos ocupa, meditando um pouco a respeito, parece que a *utilidade de navegar* não é bastante clara para determinar o homem pré-histórico a escavar uma canoa. Nenhuma utilidade pode legitimar o risco imenso de partir sobre as ondas. Para enfrentar a navegação, é preciso que haja interesses poderosos. Ora, os verdadeiros interesses poderosos são os interesses quiméricos. São os interesses que sonhamos, e não os que calculamos. São os interesses fabulosos. O herói do mar é um herói da morte. O primeiro marujo é o primeiro homem vivo que foi tão corajoso como um morto.

Por isso quando se quiser entregar os vivos à morte total, à morte sem recurso, eles serão abandonados às ondas. Marie Delcourt descobriu, sob a camuflagem racionalista da cultura antiga tradicional, o sentido mítico das crianças maléficas. Em muitos casos, evita-se cuidadosamente que elas toquem a terra. Poderiam contaminá-la, afetar-lhe a fecundidade e propagar assim a sua "peste". "Levam [-nas] o mais rápido possível para o mar ou para o rio." [4] "Um ser débil que se prefere não matar e que não se quer pôr em contato com o solo, que é que se poderia fazer com ele senão colocá-lo na água dentro de um esquife destinado a afundar?" Quanto a nós, proporíamos elevar em mais um tom a explicação mítica tão profunda fornecida por Marie Delcourt. Interpretaríamos o nascimento de uma criança maléfica como o nascimento de um ser que não pertence à fecundidade normal da Terra; devolvem-na imediatamente ao *seu elemento*, à morte próxima, à pátria da morte total que é o mar infinito ou o rio mugidor. Só a água pode desembaraçar a terra.

---

4. Marie Delcourt, *Stérilités mystérieuses et naissances maléfiques dans l'antiquité classique*, 1938, p. 65.

Explica-se então que, quando tais crianças abandonadas ao mar eram lançadas vivas de volta à praia, quando eram "salvas das águas", tornavam-se facilmente seres miraculosos. Tendo atravessado as águas, tinham atravessado a morte. Podiam então criar cidades, salvar povos, refazer um mundo [5].

A Morte é uma viagem e a viagem é uma morte. "Partir é morrer um pouco." Morrer é verdadeiramente partir, e só se parte bem, corajosamente, nitidamente, quando se segue o fluir da água, a corrente do largo rio. Todos os rios desembocam no Rio dos mortos. Apenas essa morte é fabulosa. Apenas essa partida é uma aventura.

Se de fato um morto, para o inconsciente, é um ausente, só o navegador da morte é um morto com o qual se pode sonhar indefinidamente. Parece que sua lembrança tem sempre um porvir... Bem diferente será o morto que habita a necrópole. Para este, o túmulo é ainda uma morada, uma morada que os vivos vêm piedosamente visitar. Tal morto não está totalmente ausente. E a alma sensível o sabe muito bem. Somos sete, diz a menina na poesia de Wordsworth, cinco estão em vida, os outros dois estão sempre no cemitério; perto deles, com eles, pode-se ir coser ou fiar.

Aos que morreram no mar liga-se outro sonho, um devaneio especial. Deixam na aldeia viúvas que não são como as outras, "viúvas de fronte branca" que sonham com o Oceano Nox. Mas a admiração do herói dos mares não pode, também ela, fazer calar os queixumes? E por trás de certos efeitos de retórica não haverá o traço de um sonho sincero nas imprecações de Tristan Corbière [6]?

Assim, o adeus à beira-mar é simultaneamente o mais dilacerante e o mais literário dos adeuses. Sua poesia explora um velho fundo de sonho e de heroísmo. Desperta em nós, sem dúvida, os ecos mais dolorosos. Todo um lado de nossa alma noturna

---

5. A todo além associa-se a imagem de uma travessia. Não há aí somente uma tradição ocidental. Poderemos ver um exemplo disso na tradição chinesa, mencionada num artigo de Von Erwin Rousselle, "Das Wasser als mythisches Ereignis chinesischen Lebens", apud *Die Kulturelle Bedeutung der Komplexen Psychologie*, 1935.

6. Ver Tristan Corbière, *Les amours jaunes*, *La fin*.

se explica pelo mito da morte concebida como uma partida sobre a água. Para o sonhador, as inversões entre essa partida e a morte são contínuas. Para alguns sonhadores, a água é o movimento novo que nos convida à viagem jamais feita. Essa partida material rouba-nos a matéria da terra. Por isso, que admirável grandeza tem este verso de Baudelaire, esta imagem súbita que vai ao âmago do nosso mistério:

Ó morte, velho capitão, é tempo! levantemos a âncora! [7]

IV

Se quisermos restituir ao seu nível primitivo todos os valores inconscientes acumulados em torno dos funerais pela imagem da viagem pela água, compreenderemos melhor o significado do rio dos infernos e todas as lendas da fúnebre travessia. Costumes já racionalizados podem confiar os mortos ao túmulo ou à pira; o inconsciente marcado pela água sonhará, para além do túmulo, para além da pira, com uma partida sobre as ondas. Depois de haver atravessado a terra, depois de haver atravessado o fogo, a alma chegará à beira da água. A imaginação profunda, a imaginação material quer que a *água* tenha sua parte na morte; ela tem necessidade da água para conservar o sentido de viagem da morte. Compreende-se assim, que, para esses devaneios infinitos, todas as almas, qualquer que seja o gênero dos funerais, devem subir na *barca de Caronte*. Curiosa imagem, se a contemplarmos com os olhos claros da razão. Imagem familiar por excelência, ao contrário, se soubermos interrogar os nossos sonhos! Muitos são os poetas que viveram no sono essa navegação da morte: "Vi a senda de tua partida! O sono e a morte não nos separarão por mais tempo... Escuta! a espectral torrente mistura seu rugido longínquo à brisa murmurante nos bosques cheios de música." [8] Revivendo o sonho de Shelley, compreenderemos como a *senda de partida* converteu-se pouco a pouco na *espectral torrente*.

---

7. Baudelaire, *Les fleurs du mal, La mort*, p. 351.
8. Shelley, *Oeuvres complètes*, I, p. 92.

Aliás, como ligaríamos ainda uma poesia fúnebre a imagens tão afastadas da nossa civilização se valores inconscientes não as sustentassem? A persistência de um interesse poético e dramático para tal imagem racionalmente gasta e falsa pode servir-nos para mostrar que num complexo de cultura se unem sonhos naturais e tradições aprendidas. A este respeito, pode-se formular um *complexo de Caronte*. O complexo de Caronte não é muito vigoroso; a imagem, em nossos dias, está muito desbotada. Em muitas mentes cultas, ele sofre o destino dessas referências tão numerosas a uma literatura morta. Não passa então de um símbolo. Mas sua fraqueza e desbotamento são, em suma, bastante favoráveis para nos fazer sentir que, apesar de tudo, a cultura e a natureza podem coincidir.

Vejamos inicialmente, na natureza — isto é, nas lendas naturais —, constituirem-se imagens de Caronte que decerto não têm o menor contato com a imagem clássica. É o caso da lenda da barca dos mortos, lenda com mil formas, incessantemente renovadas no folclore. P. Sébillot dá este exemplo: "A lenda da barca dos mortos é uma das primeiras a serem constatadas em nosso litoral; sem dúvida, já existia aí bem antes da conquista romana, e no século VI Procópio relatava-a nestes termos: Os pescadores e os demais habitantes da Gália que se acham defronte da ilha de Bretanha são encarregados de fazer com que as almas passem por ali, e para isso estão isentos de tributo. No meio da noite, eles ouvem bater à porta; levantam-se e encontram na margem barcas estrangeiras onde não vêem quem quer que seja, e que no entanto parecem tão carregadas que dão a impressão de estar na iminência de soçobrar e mal se elevam uma polegada acima das águas; uma hora basta para esse trajeto, muito embora, com seus próprios barcos, dificilmente eles possam realizá-lo no espaço de uma noite." (*Guerre des Goths*, I, IV, c. 20) [9]

Émile Souvestre retomou essa narrativa em 1836: prova de que tal lenda solicita sem cessar a expressão literária. Ela nos *interessa*. É um tema fundamental que poderá cobrir-se de mil variações. Sob as imagens mais diversas, mais inesperadas, o tema tem garantida sua consistência porque possui a mais sólida das unidades: a *unidade onírica*. Assim, nas velhas lendas bretãs

---

9. P. Sébillot, *Le folklore de France*, II, p. 148.

passam incessantemente navios-fantasmas, navios-infernos como o Holandês Voador. Muitas vezes também os navios naufragados "voltam", prova de que, de certa forma, o barco forma um todo com as almas. Aliás, eis uma imagem anexa que revela suficientemente sua origem onírica profunda: "Esses barcos cresceram, de sorte que uma pequena embarcação costeira, ao cabo de alguns anos, tem o tamanho de uma sólida escuna." Esse *crescimento* estranho é familiar aos sonhos. Vamos encontrá-lo freqüentemente nos sonhos da água; para certos sonhos, a água alimenta tudo o que impregna. É preciso aproximá-la das fantásticas imagens prodigalizadas em cada página do conto de Edgar Poe *Manuscrito encontrado numa garrafa*: "É positivo que existe um mar onde o próprio navio cresce como o corpo vivo de um marinheiro."[10] Esse mar é o mar da água onírica. E sucede que, no conto de Poe, é também o mar da água funerária, da "água que não espuma mais" (p. 219). Realmente o estranho barco dilatado pelos tempos é conduzido por anciãos que viveram em épocas muito remotas. Se relermos esse conto, um dos mais belos, viveremos a endosmose da poesia e das lendas. Ele sai de um sonho muito profundo: "Parece-me às vezes que a sensação de objetos que não me são desconhecidos atravessa minha mente como um relâmpago, e sempre a essas sombras flutuantes da memória mistura-se uma inexplicável lembrança de velhas lendas estrangeiras e de séculos muito antigos." (p. 216) Em nosso sono, são as lendas que sonham...

Existem também lendas em que vivem Carontes temporários, especialmente Carontes contra a vontade que procuram um substituto. A sabedoria popular aconselha aos navegantes que não subam num barco desconhecido. Não há por que temer tonalizar essa prudência dando-lhe o seu sentido mítico. Em suma, todos os barcos misteriosos, tão abundantes nos romances do mar, *participam* da *barca dos mortos*. Podemos estar quase certos de que o romancista que os utiliza possui, mais ou menos oculto, um complexo de Caronte.

Em particular, a função de um simples *barqueiro*, quando encontra seu lugar numa obra literária, é quase fatalmente tocada pelo simbolismo de Caronte. Por mais que atravesse um simples

---

10. Edgar Poe, *Histoires extraordinaires*, p. 216.

rio, ele traz o símbolo de um além. O barqueiro é guardião de um mistério:

> *Seus velhos olhos alucinados*
> *Viam os longes iluminados*
> *Donde lhe vinha sempre a voz*
> *Lamentosa, sob os céus frios.* [11]

"Acrescente-se", diz Émile Souvestre [12], "os crimes cometidos nessas encruzilhadas das águas, as romanescas aventuras de amor, os miraculosos encontros de santos, de fadas ou de demônios, e se compreenderá como a história dos barqueiros... formava um dos capítulos mais dramáticos desse grande poema eternamente embelezado pela imaginação popular."

O Extremo Oriente, como a Bretanha, conhece a barca de Caronte. Paul Claudel traduz essa emocionante poesia da Festa dos Mortos quando chega, na vida chinesa, o sétimo mês: "A flauta guia as almas, o bater do gongo reúne-as como abelhas... Ao longo da margem, as barcas sempre prontas esperam a chegada da noite." "A barca parte e vira, deixando no largo movimento de sua esteira uma fila de fogos: alguém semeia pequenas lâmpadas. Luzes precárias, sobre a vasta corrente das águas opacas, piscam por um momento e perecem. Um braço agarrando o farrapo de ouro, o feixe de fogo que se funde e flameja na fumaça, toca o túmulo das águas: o fulgor ilusório da luz, como peixes, fascina os frios afogados." Assim a festa imita ao mesmo tempo a vida que se apaga e a vida que se vai. A água é o túmulo do fogo e dos homens. Ao longe, quando parece que a Noite e o Mar acabaram juntos o simbolismo da morte, o sonhador ouvirá "o tom do sistro sepulcral, o clamor do tambor de ferro na sombra compacta atingido por um golpe terrível" [13].

Tudo quanto a morte tem de pesado, de lento, é igualmente marcado pela figura de Caronte. As barcas carregadas de almas estão sempre a ponto de soçobrar. Espantosa imagem onde se sente que a Morte teme morrer, onde o afogado teme ainda o

---

11. Verhaeren, *Les villages illusoires. Le passeur.*
12. Émile Souvestre, *Sous les filets, Le passeur de la vilaine*, p. 2.
13. Paul Claudel, *Connaissance de l'est*, pp. 35 ss.

naufrágio! A morte é uma viagem que nunca acaba, é uma perspectiva infinita de perigos. Se o peso que sobrecarrega a barca é tão grande, é porque as almas são culpadas. A barca de Caronte vai sempre aos infernos. Não existe barqueiro da ventura.

A barca de Caronte será assim um símbolo que permanecerá ligado à indestrutível desventura dos homens. Atravessará as épocas de sofrimento. Como diz Saintine (op. cit., p. 303): "A barca de Caronte estava ainda em serviço quando ele próprio, diante dos primeiros fervores (do cristianismo), tinha desaparecido. Paciência! Ele vai reaparecer. Onde? Em toda parte... Desde os primeiros tempos da Igreja das Gálias, na abadia de Saint-Denis, sobre o túmulo de Dagoberto, tinha-se representado esse rei, ou antes sua alma, atravessando o *Cocito* na barca tradicional; no fim do século XIII, Dante, com sua plena autoridade, restabelecera o velho Caronte como barqueiro de seu Inferno. Depois dele, nessa mesma Itália, melhor ainda, na cidade católica por excelência, e trabalhando sob os olhos de um papa, Miguel Ângelo... representava-o em seu afresco do Juízo Final ao mesmo tempo que Deus, o Cristo, a Virgem e os santos." E Saintine conclui: "Sem Caronte, não há inferno possível."

Em nossos campos de Champagne, tão pouco sonhadores, encontraríamos entretanto traços do velho barqueiro. Algumas aldeias ainda pagam, fora da Igreja, a contribuição do óbolo. Na véspera dos funerais, um parente do defunto vai em todas as famílias depositar o "vintém dos mortos".

Em suma, o homem do povo, o poeta ou um pintor como Delacroix reencontram todos em seu sonho a imagem de um guia que deve "conduzir-nos na morte". O mito que vive sob a mitopéia é um mito muito simples associado a uma imagem bem clara. Eis por que ele se mostra tão tenaz. Quando um poeta retoma a imagem de Caronte, pensa na morte como numa viagem. Revive os mais primitivos dos funerais.

V

A água na morte apareceu-nos até aqui como um *elemento aceito*. Vamos agora juntar imagens em que a água na morte aparece como um *elemento desejado*.

Efetivamente, o apelo dos elementos materiais é por vezes tão forte que pode servir-nos para determinar tipos de suicidas bem distintos. Parece então que a matéria ajuda a determinar o destino humano. Marie Bonaparte mostrou muito bem a dupla fatalidade do trágico ou, melhor dizendo, os vínculos estreitos que unem o trágico da vida e o trágico literário: "Realmente, o gênero de morte escolhido pelos homens, quer seja na realidade para eles mesmos pelo suicida, ou na ficção para seu herói, nunca é ditado pelo acaso, mas, em cada caso, é determinado de um modo estritamente psíquico." (op. cit., p. 584) Surge aqui um paradoxo sobre o qual gostaríamos de nos explicar.

Sob certos aspectos, pode-se dizer que a determinação psicológica é *mais forte* na ficção que na realidade, pois na realidade podem faltar os *meios* da fantasia. Na ficção, fins e meios estão à disposição do romancista. Eis por que os crimes e os suicídios são mais numerosos nos romances que na vida. O drama e sobretudo a execução do drama, o que se poderia chamar a discursividade literária do drama, marca, pois, profundamente o romancista. Quer queira quer não, o romancista revela o fundo de seu ser, ainda que se cubra literalmente de personagens. Em vão ele se servirá "de uma realidade" como de uma tela. É ele que projeta essa realidade, é ele sobretudo que a encadeia. No real, não se pode dizer tudo, a vida salta elos da corrente e oculta sua continuidade. No romance só existe o que se diz, o romance mostra sua continuidade, exibe sua determinação. O romance só é vigoroso se a imaginação do autor for fortemente determinada, se ela encontrar as fortes determinações da natureza humana. Como as determinações se aceleram e se multiplicam no drama, é pelo elemento dramático que o autor se revela mais profundamente.

O problema do *suicídio* na literatura é um problema decisivo para julgar os valores dramáticos. Apesar de todos os artifícios literários, o crime não expõe bem o seu íntimo. Com demasiada evidência, ele depende das circunstâncias exteriores. Irrompe como um acontecimento que nem sempre se prende ao caráter do assassino. O suicídio, na literatura, prepara-se ao contrário com um longo destino íntimo. É, literariamente, a morte mais preparada, mais planejada, mais total. O romancista quase gostaria que o Universo inteiro participasse do suicídio de seu herói. O suicídio literário é, pois, muito capaz de nos dar a *imaginação da morte*. Ele põe em ordem as imagens da morte.

No reino da imaginação, as quatro pátrias da morte têm seus fiéis, seus aspirantes. Ocupemo-nos tão-somente do trágico apelo das águas.

A água que é a pátria das ninfas vivas é também a pátria das ninfas mortas. É a verdadeira matéria da morte bem feminina. Desde a primeira cena entre Hamlet e Ofélia, Hamlet —seguindo nisso a regra da preparação literária do suicídio —, como se fosse um adivinho que pressagia o destino, sai de seu profundo devaneio murmurando: "Eis a bela Ofélia! Ninfa, em tuas orações, lembra-te de todos os meus pecados." (*Hamlet*, ato III, c. I) Assim, Ofélia deve morrer pelos pecados de outrem, deve morrer no rio, suavemente, sem alarde. Sua curta vida é já a vida de uma morta. Essa vida sem alegria será outra coisa senão uma vã espera, o pobre eco do monólogo de Hamlet? Vejamos, pois, imediatamente, Ofélia em seu rio (ato IV, c. VII):

A rainha

Há um salgueiro que se debruça sobre um riacho
E contempla nas águas suas folhas prateadas.
Foi ali que ela veio sob loucas guirlandas,
Margarida, ranúnculo, urtiga e essa flor
Que no franco falar de nossos pastores recebe
Um nome grosseiro, mas que nossas pudicas meninas
Chamam pata de lobo [14]. *Ali ela se agarrava*
Querendo pendurar nos ramos inclinados
Sua coroa de flores, quando um ramo maldoso
Se quebra e a precipita com seus alegres troféus
No riacho que chora. Seu vestido se desfralda
E a sustenta sobre a água qual uma sereia;
Ela trauteia então trechos de velhas árias,
Como sem perceber sua situação aflitiva,
Ou como um ser que se sentisse ali
Em seu próprio elemento. Mas isso durou pouco.
Suas vestes, enfim, pesadas do que beberam,
Arrastam a pobrezinha e seu doce canto expira
Numa lodosa morte...

---

14. A pata-de-lobo é o nome do licopo vulgar. Outros tradutores dão textualmente a designação inglesa "dedos de defunto" (*dead men's fingers*), cujo sentido fálico é bem claro.

Laertes

Ah! tens água demais, ó pobre Ofélia! Por isso
Proíbo-me chorar. Mas assim somos feitos;
Em vão o pudor diz: cumpre que a natureza
Siga seu curso. E quando este choro secar
O que é mulher em mim se calará...

Parece-nos inútil levar em conta o acidente, a loucura e o suicídio nessa morte romanceada. A psicanálise nos ensinou, aliás, a dar ao acidente seu papel psicológico. Quem brinca com fogo se queima, quer se queimar, quer queimar os outros. Quem brinca com a água pérfida se afoga, quer se afogar. Por outro lado, os loucos, na literatura, conservam bastante razão — bastante determinação — para associar-se ao drama, para seguir a lei do drama. Respeitam, à margem da ação, a unidade de ação. Ofélia poderá, pois, ser para nós o símbolo do suicídio feminino. Ela é realmente uma criatura nascida para morrer na água, encontra aí, como diz Shakespeare, "seu próprio elemento". A água é o *elemento* da morte jovem e bela, da morte florida, e nos dramas da vida e da literatura é o *elemento* da morte sem orgulho nem vingança, do suicídio masoquista. A água é o símbolo profundo, orgânico, da mulher que só sabe *chorar* suas dores e cujos olhos são facilmente "afogados de lágrimas". O homem, diante de um suicídio feminino, compreende essa dor funérea por tudo o que nele, como em Laertes, é mulher. Volta a ser homem — tornando-se outra vez "seco" — depois que as lágrimas secam.

Será preciso sublinhar que imagens tão ricamente circunstanciadas quanto a imagem de Ofélia em seu rio não têm, contudo, nenhum *realismo*? Shakespeare não observou necessariamente uma afogada *real* que deriva ao sabor da torrente. Tal realismo, longe de despertar imagens, antes bloquearia o impulso poético. Se o leitor, que talvez nunca viu semelhante espetáculo, o reconhece ainda assim e com ele se comove, é porque esse espetáculo pertence à natureza imaginária primitiva. É a água sonhada em sua vida habitual, é a água do lago que por si mesma "se ofeliza", se cobre naturalmente de seres dormentes, de seres que se abandonam e flutuam, de seres que morrem docemente. Então, na morte, parece que os afogados, flutuando, continuam a sonhar... Em *Délire II*, Arthur Rimbaud reencontrou essa imagem:

> *flutuação pálida*
> *E encantada, um afogado pensativo, às vezes desce...*

VI

Debalde se trarão para a terra os restos de Ofélia. Ela é verdadeiramente, como diz Mallarmé (*Divagations*, p. 169), "uma Ofélia jamais afogada... jóia intacta sob o desastre". Durante séculos ela aparecerá aos sonhadores e aos poetas, flutuando em seu riacho, com suas flores e sua cabeleira espalhando-se sobre a onda. Ela dará ensejo a uma das mais claras sinédoques poéticas. Será uma cabeleira flutuante, uma cabeleira desatada pelas ondas. Para bem compreender o papel dos pormenores criadores no devaneio, guardemos por um instante apenas esta visão de uma cabeleira flutuante. Veremos que ela norteia por si só todo um símbolo da psicologia das águas, que ela quase explica, por si só, todo o complexo de Ofélia.

Inúmeras são as lendas em que as Damas das Fontes penteiam ininterruptamente seus longos cabelos louros (cf. Sébillot, op. cit., II, p. 200). Freqüentemente elas esquecem na margem seu pente de ouro ou de marfim: "As sereias do Gers têm cabelos longos e finos como seda e penteiam-se com pentes de ouro." (p. 340) "Vê-se nos arredores da Grande Brière uma mulher desgrenhada, trajando um longo vestido branco, que outrora se afogou ali." Tudo se alonga ao fluir da corrente, o vestido e a cabeleira; parece que a corrente alisa e penteia os cabelos. E mesmo sobre as pedras do vau o rio move-se como uma cabeleira viva.

Por vezes a cabeleira da ondina é o instrumento de seus malefícios. Bérenger-Féraud menciona um conto da Baixa-Lusácia em que a ondina, sobre o parapeito de uma ponte, está "ocupada em pentear seus magníficos cabelos. Ai do imprudente que chegasse muito perto dela! Seria envolvido em seus cabelos e lançado na água"[15].

---

15. L. J. B. Bérenger-Féraud, *Superstitions et survivances*, 1896, t. II, p. 29.

Os contos mais convencionais não esquecem esse detalhe criador de imagem. Quando Tramarina, num conto de Robert, presa de preocupações e desgostos, precipita-se no mar, as ondinas vêm buscá-la imediatamente e a vestem "com um vestido de gaze, de um verde-mar repassado de prata", e soltam-lhe a cabeleira, que deve "cair em ondas sobre o seu seio" [16]. Tudo deve flutuar no ser humano para que ele próprio flutue sobre as águas.

Como sempre acontece no reino da imaginação, a inversão da imagem prova a importância da imagem; prova seu caráter completo e natural. Ora, basta que uma cabeleira desatada caia — escorra — sobre ombros nus para que se reanime todo o símbolo das águas. No admirável poema dedicado a Annie, tão lento, tão simples, lê-se esta estrofe:

> *And so it lies happily*
> *Bathing in many*
> *A dream of the truth*
> *And the beauty of Annie*
> *Drowned in a bath*
> *Of the tresses of Annie.*

"E assim ele jaz, ditosamente banhado pelos sonhos da constância e da beleza de Annie, afogado num banho das tranças de Annie." (Edgar Poe, *For Annie*)

A mesma inversão de um complexo de Ofélia é sensível no romance de Gabriel d'Annunzio *Forse che si, forse che no*. A criada penteia Isabella diante de seu espelho. Assinalemos, de passagem, o infantilismo de uma cena em que uma amante, apesar de ardente e voluntariosa, é penteada por mãos estranhas. Esse infantilismo, aliás, favorece o devaneio complexual: "Seus cabelos escorriam, escorriam como uma água lenta, e com eles mil coisas de sua vida, informes, obscuras, lábeis, entre o olvido e a lembrança. Senão quando, acima desse fluxo..." Por qual mistério uma cabeleira penteada por uma criada evoca o riacho, o passado, a consciência? "Por que fiz isso? Por que fiz isso? E enquanto procurava em si mesma a resposta, tudo se deformava, se dissol-

---

16. Robert, "Les ondins", "Conte moral", apud *Voyages imaginaires*, Amsterdam, 1788, t. XXXIV, p. 214.

via, fluía ainda. A passagem repetida do pente na massa de seus cabelos era como um encantamento que durasse desde sempre, que devia continuar indefinidamente. Seu rosto, no fundo do espelho, afastava-se, privado de contornos, depois se reaproximava voltando do fundo, e já não era seu rosto." Como se vê, o riacho está ali por inteiro, com sua fuga sem fim, com sua profundidade, com seu espelho cambiante, mutável. Está ali com sua cabeleira, com a cabeleira. Quando meditamos sobre tais imagens, percebemos que a psicologia da imaginação não será sequer esboçada enquanto não se tiver determinado detalhadamente as verdadeiras imagens naturais. É por seu germe natural, por seu germe alimentado pela força dos elementos materiais, que as imagens proliferam e se congregam. As imagens elementares levam muito longe sua produção; tornam-se irreconhecíveis; tornam-se irreconhecíveis em virtude de seu desejo de novidade. Mas um complexo é um fenômeno psicológico tão sintomático que basta um único traço para revelá-lo por inteiro. A força emergente de uma imagem geral que vive por um de seus traços particulares é por si só suficiente para explicar o caráter parcial de uma psicologia da imaginação que se absorve no estudo das formas. Muitas psicologias da imaginação, pela atenção unilateral que concedem ao problema da forma, estão condenadas a ser apenas psicologias do conceito ou do esquema. Nada mais são que psicologias do *conceito imagizado*. Em última análise, a imaginação literária que só pode desenvolver-se no reino *da imagem da imagem*, que deve traduzir já as formas, é mais propícia que a imaginação pictórica para estudar a nossa necessidade de imaginar.

Insistamos um pouco mais nessa característica dinâmica da imaginação, característica dinâmica à qual esperamos dedicar outro estudo. No tema que estamos desenvolvendo, fica muito claro que não é a forma da cabeleira que faz pensar na água corrente, mas o seu movimento. A cabeleira pode ser a de um anjo do céu; no momento em que *ondula* ela traz naturalmente sua imagem aquática. É isso o que sucede com os anjos de Séraphita. "De suas cabeleiras saíam ondas de luz, e seus movimentos excitavam estremecimentos ondulantes parecidos com as ondas de um mar fosforescente." [17] Sente-se, aliás, como tais imagens

---

17. Balzac, *Séraphita*, p. 350.

pareceriam pobres se as metáforas da água não fossem metáforas fortemente valorizadas.

Assim uma cabeleira viva, cantada por um poeta, deve sugerir um movimento, uma onda que passa, uma onda que freme. As "ondulações permanentes", esse capacete de cachos regulares, imobilizando as ondulações naturais, bloqueiam os devaneios que gostariam de provocar.

À beira das águas, tudo é cabeleira: "Todas as folhagens móveis atraídas pela frescura das águas deixavam pender acima suas cabeleiras." (*Séraphita*, p. 318) E Balzac canta essa atmosfera úmida em que a natureza "perfuma com seus himeneus sua cabeleira esverdeada".

Às vezes parece que um devaneio excessivamente filosófico vai afastar o complexo. Assim a palha levada pelo regato é o eterno símbolo da insignificância do nosso destino. Mas um pouco menos de serenidade na meditação, um pouco mais de tristeza no coração do sonhador, e o fantasma vai reaparecer por inteiro. As ervas presas entre os caniços não são já a cabeleira de uma morta? Lélia, em sua tristeza pensativa, contempla-as e murmura: "Não sobrenadaremos sequer como essas ervas murchas que flutuam ali, tristes e pendentes, semelhantes à cabeleira de uma mulher afogada." [18] Como se vê, a imagem de Ofélia se forma ao menor ensejo. É uma imagem fundamental do devaneio das águas.

Debalde Jules Laforgue representará a personagem de um Hamlet dessensibilizado: "Ofélia, isso não é possível! Mais uma Ofélia em minha poção!"

Ofélia, Ofélia
Teu belo corpo no lago
São bengalas flutuantes
Para minha velha loucura.

Como ele diz, não foi sem risco que "comemos do fruto da Inconsciência". Hamlet continua a ser, para Laforgue, a personagem estranha que fez "círculos na água, na água, ou seja, no céu". A imagem sintética da água, da mulher e da morte não pode dispersar-se [19].

---

18. G. Sand, *Lélia*, p. 122.
19. Jules Laforgue, *Moralités légendaires*, 16ª ed., pp. 19, 24, 29, 55.

O matiz irônico visível nas imagens de Jules Laforgue não é excepcional. Guy de Pourtalès, em *La vie de Franz Liszt* (p. 162), observa que "a imagem de Ofélia, descrita em cinqüenta e oito compassos, atravessa 'ironicamente' o espírito" (o próprio artista escreveu a palavra na epígrafe do *allegro*). Recebe-se a mesma impressão, sublinhada um tanto grosseiramente, no conto de Saint-Pol-Roux, *La lavandière de mes premiers chagrins*:

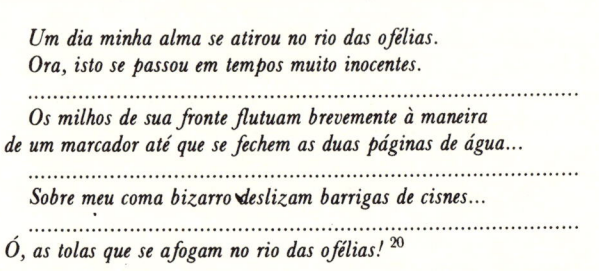

> Um dia minha alma se atirou no rio das ofélias.
> Ora, isto se passou em tempos muito inocentes.
> ....
> Os milhos de sua fronte flutuam brevemente à maneira
> de um marcador até que se fechem as duas páginas de água...
> ....
> Sobre meu coma bizarro deslizam barrigas de cisnes...
> ....
> Ó, as tolas que se afogam no rio das ofélias! [20]

A imagem de Ofélia resiste mesmo ao seu componente macabro que os grandes poetas sabem apagar. Apesar desse componente, a balada de Paul Fort volta à suavidade: "E o branco afogado emergirá amanhã, rosa ao marulhar suave da manhã. Vogarão sons de sinos argentinos. Que mar gentil." [21]

A água humaniza a morte e mistura alguns sons claros aos mais surdos gemidos.

Por vezes uma doçura maior, sombras mais hábeis temperam ao extremo o realismo da morte. Mas uma palavra das águas, uma só, basta para designar a imagem profunda de Ofélia. Assim a princesa Maleine, na solidão do quarto, assombrada pelo pressentimento de seu destino, murmura: "Oh! como gritam os caniços do meu quarto!"

VI

Como todos os grandes complexos poetizantes, o complexo de Ofélia pode elevar-se até o nível cósmico. Simboliza então

---

20. Saint-Pol-Roux, *Les féeries intérieures*, pp. 67, 73, 74, 77.
21. Paul Fort, *Ermitage*, julho de 1897.

uma *união da Lua e das ondas*. Parece que um imenso reflexo flutuante dá uma imagem de todo um mundo que se estiola e morre. É assim que o *Narcisse* de Joachim Gasquet colhe, numa noite de bruma e de melancolia, através da sombra das águas, as estrelas do céu iluminado. Vai dar-nos a fusão de dois princípios de imagem que se elevam juntos ao nível cósmico, o Narciso cósmico unindo-se à Ofélia cósmica, prova decisiva do ímpeto irresistível da imaginação [22]. "A Lua me falou. Empalideci pensando na ternura de suas palavras — 'Dá-me teu buquê' (o buquê colhido no céu pálido), disse-me ela, como uma apaixonada. E, como Ofélia, eu a vi exangue em seu vestido violeta e amplo. Seus olhos, que tinham a cor das flores febris e delicadas, vacilavam. Estendi-lhe meu buquê de estrelas. Então um perfume sobrenatural emanou dele. Uma nuvem nos espreitava..." Nada falta a esta cena de amor do céu e da água, nem mesmo o espião.

A lua, a noite, as estrelas lançam então, como flores, seus reflexos sobre o rio. Parece que, quando o contemplamos nas ondas, o mundo estrelado se deixa ir à deriva. Os clarões que passam à superfície das águas são como seres inconsoláveis; a própria luz é traída, desconhecida, esquecida (p. 102). Na sombra, "ela tinha quebrado seu esplendor. O pesado vestido caiu. Oh! a triste Ofélia esquelética! Mergulhou no rio. Como as estrelas tinham ido embora, ela se foi no fluir da corrente. Eu chorava e lhe estendia os braços. Ela soergueu-se um pouco, a cabeça descarnada caída para trás, pois seus tristes cabelos gotejavam, e com uma voz que ainda me dói sussurrou-me: 'Sabes quem sou. Sou tua razão, tua razão, tu sabes, e vou-me embora, e vou-me embora...' Um momento, acima da água, ainda pude ver seus pés tão puros, tão imateriais como os da Primavera... Eles desapareceram, uma paz estranha correu através de meu sangue..." Eis o jogo íntimo de um devaneio que une a Lua e a onda e que segue a história delas ao longo da corrente. Tal devaneio *realiza* em toda a força do termo a melancolia da noite e do rio. Ele humaniza os reflexos e as sombras. Conhece-lhes o drama, a dor. Esse devaneio participa do combate da lua e das nuvens. Dá-lhes uma vontade de luta. Atribui a vontade a todas as fantasias, a todas as imagens que se mexem e variam.

---

22. Joachim Gasquet, op. cit., p. 99.

E quando chega o repouso, quando os seres do céu aceitam os movimentos muito simples e muito próximos do rio, esse devaneio enorme toma a lua que flutua pelo corpo supliciado de uma mulher traída; vê na lua ofendida uma Ofélia shakespeariana.

Haverá necessidade de sublinhar ainda uma vez que as características de tal imagem não são de forma alguma de origem realista? São produzidas por uma projeção do ser que sonha. É preciso uma cultura poética poderosa para reencontrar a imagem de Ofélia na Lua refletida pelas águas.

Obviamente, a visão de Joachim Gasquet não é excepcional. Podemos ver seus traços nos mais diversos poetas. Notemos, por exemplo, este aspecto lunar na Ofélia de Jules Laforgue: "Ele se debruça por um momento à janela, a contemplar a bela lua cheia de ouro que se mira no mar calmo e nele faz serpentear uma coluna quebrada de veludo negro e de líquido de ouro, mágica e sem finalidade.

"Esses reflexos sobre a água melancólica... A santa e danada Ofélia flutuou assim a noite inteira..." (*Moralités légendaires*, p. 56)

Poderíamos também interpretar *Bruges-la-morte* de Georges Rodenbach como a *ofelização* de toda uma cidade. Sem nunca ver uma morta flutuando sobre os canais, o romancista é arrebatado pela imagem shakespeariana. "Nessa solidão da noite e do outono, em que o vento varria as últimas folhas, ele sentiu mais que nunca o desejo de ter acabado sua vida e a impaciência do túmulo. Parecia que uma morte se alongava das torres sobre sua alma; que um conselho vinha das velhas paredes até ele; que uma voz sussurrante subia da água — a água vinha ao encontro dele, como veio ao encontro de Ofélia, como nos contam os coveiros de Shakespeare." [23]

Não é possível, acreditamos, reunir sob o mesmo tema imagens mais diversas. Já que é preciso reconhecer-lhes uma unidade, já que sempre o nome de Ofélia volta aos lábios nas circunstâncias mais diferentes, é porque essa unidade, é porque seu nome é o símbolo de uma grande lei da imaginação. A imaginação

---

23. Georges Rodenbach, *Bruges-la-morte*, ed. Flammarion, p. 16. Cf. também *Le mirage*, ato III; o fantasma de Geneviève diz ao Sonhador:
   No fluir dos velhos canais, eu fui a tua Ofélia...

da infelicidade e da morte encontra na matéria da água uma imagem material especialmente poderosa e natural.

Assim, para certas almas, a água guarda realmente a morte em sua substância. Ela transmite um devaneio onde o horror é lento e tranquilo. Na terceira elegia de Duíno, Rilke, ao que parece, viveu o horror risonho das águas, o horror que sorri com o sorriso terno de uma mãe lacrimosa. A morte numa água calma tem feições maternais. O horror aprazível é "dissolvido na água que torna leve o germe vivo" [24]. A água mistura aqui seus símbolos ambivalentes de nascimento e morte. É uma substância cheia de reminiscências e de devaneios divinatórios.

Quando um devaneio, quando um sonho vem assim absorver-se numa substância, o ser inteiro recebe dele uma estranha permanência. O sonho adormece. O sonho estabiliza-se. Tende a participar da vida lenta e monótona de um *elemento*. Tendo encontrado seu *elemento*, vem fundir nele todas as suas imagens. Materializa-se. "Cosmotiza-se". Albert Béguin lembrou que, para Carus, a verdadeira síntese onírica é uma síntese em profundidade em que o ser psíquico se incorpora a uma realidade cósmica [25]. Para certos sonhadores, a água é o *cosmos* da morte. A *ofelização* é então substancial, a água é noturna. Perto dela tudo inclina à morte. A água comunga com todos os poderes da noite e da morte. Assim, para Paracelso, a lua impregna a substância da água com uma *influência deletéria*. A água que ficou muito tempo exposta aos raios lunares é uma água envenenada [26]. Essas imagens *materiais*, tão fortes no pensamento paracelsiano, ainda estão vivas nos devaneios poéticos de nossos dias. "A Lua dá aos que são por ela influenciados o gosto da água do Estige", diz Victor-Émile Michelet [27]. Nunca nos curamos de ter sonhado ao pé de uma água dormente...

VII

Se à água se associam tão fortemente todos os intermináveis devaneios do destino funesto, da morte, do suicídio, não é de

---

24. Cf. Rainer-Maria Rilke, *Les élégies de Duino*, p. 25.
25. Albert Béguin, *L'âme romantique et le rêve*, ed. José Corti, p. 140.
26. Cf. Heinrich Bruno Schindler, *Das magische Geistesleben*, 1857, p. 57.
27. V. Michelet, *Figures d'évocateurs*, 1913, p. 41.

admirar seja a água, para tantas almas, o elemento melancólico por excelência. Ou melhor, para empregar uma expressão de Huysmans, a água é o *elemento melancolizante*. A água melancolizante preside a obras inteiras, como as de Rodenbach e Poe. A melancolia de Edgar Poe não provém de uma felicidade desvanecida, de uma paixão ardente que a vida queimou. Decorre, diretamente, da *infelicidade dissolvida*. Sua melancolia é verdadeiramente substancial. "Minha alma", diz ele em algum ponto, "minha alma era uma onda estagnante." Também Lamartine sabia que, em suas tempestades, a água era um *elemento sofredor*. Instalado junto ao lago de Genebra, enquanto as ondas arrojavam espuma sobre sua janela, ele escreve: "Nunca estudei tanto os murmúrios, as queixas, as cóleras, as torturas, os gemidos e as ondulações das águas como durante essas noites e esses dias passados sozinho na companhia monótona de um lago. Eu teria feito o poema das águas sem omitir a menor nota." [28]

Esse poema, pode-se senti-lo, seria uma elegia. Em outro lugar, Lamartine escreve ainda: "A água é o *elemento triste. Super flumina Babylonis sedimus et flevimus*. Por quê? Porque a água chora com todo o mundo." (p. 60) Quando o coração está triste, toda a água do mundo se transforma em lágrimas: "Mergulhei minha taça de prata dourada na fonte que borbulhava; ela se encheu de lágrimas." [29]

Sem dúvida a imagem das lágrimas acudirá mil vezes ao pensamento para explicar a tristeza das águas. Mas essa aproximação é insuficiente e queremos insistir, para terminar, em razões mais profundas a fim de assinalar o verdadeiro mal da substância da água.

A morte está nela. Até aqui evocamos sobretudo as imagens da viagem fúnebre. A água leva para bem longe, a água passa como os dias. Mas outro devaneio se apossa de nós e nos ensina uma perda de nosso ser na dispersão total. Cada um dos elementos tem sua própria dissolução: a terra tem seu pó, o fogo sua fumaça. A água dissolve mais completamente. Ajuda-nos a morrer totalmente. Tal é, por exemplo, o voto de Fausto na cena final do *Faust* de Christophe Marlowe: "Ó minha alma, transforma-te em pequenas gotas d'água e cai no Oceano, para sempre perdida."

---

28. Lamartine, *Confidences*, p. 306.
29. Edgar Quinet, *Ahasvérus*, p. 161.

Essa impressão de *dissolução* atinge, em certas horas, as almas mais sólidas, mais otimistas. Assim Claudel [30] viveu essas horas em que "o céu nada mais é que a bruma e o espaço da água...", em que "tudo se dissolveu", de sorte que debalde procuraríamos em torno de nós "feição ou forma". "Nada por horizonte, a não ser a cessação da cor mais escura. A matéria de tudo fundiu-se numa só água, semelhante à das lágrimas que sinto escorrer por minha face." Se vivermos com exatidão a seqüência dessas imagens, teremos um exemplo de sua progressiva concentração e materialização. O que se dissolve primeiro é uma paisagem na chuva; as feições e as formas se fundem. Mas aos poucos o mundo inteiro se junta em sua água. Uma única matéria se apossa de tudo. "Tudo se dissolveu."

Poderemos avaliar a que profundidade filosófica pode chegar um poeta que aceita a lição total do devaneio se revivermos esta admirável imagem de Paul Éluard:

> *Eu era como um barco a singrar a água fechada,*
> *Como um morto eu só tinha um único elemento.*

A água fechada acolhe a morte em seu seio. A água torna a morte elementar. A água morre com o morto em sua substância. A água é então um *nada substancial*. Não se pode ir mais longe no desespero. Para certas almas, *a água é a matéria do desespero*.

---

30. Paul Claudel, *Connaissance de l'est*, pp. 257-8.

CAPÍTULO IV

AS ÁGUAS COMPOSTAS

> Não aplique à verdade apenas o olho,
> mas tudo aquilo sem reserva que é você mesmo.
> PAUL CLAUDEL, "Le porc", *Connaissance de l'est*, p. 96

I

A imaginação material, a imaginação dos quatro elementos, ainda que favoreça um elemento, gosta de jogar com as imagens de suas combinações. Quer que seu elemento favorito impregne tudo, quer que ele seja a substância de todo um mundo. Mas, apesar dessa unidade fundamental, a imaginação material quer guardar a variedade do universo. A noção de combinação serve para esse fim. A imaginação formal tem necessidade da idéia de *composição*. A imaginação material tem necessidade da idéia de *combinação*.

Em especial, a água é o elemento mais favorável para ilustrar os temas da combinação dos poderes. Ela assimila tantas substâncias! Traz para si tantas essências! Recebe com igual facilidade as matérias contrárias, o açúcar e o sal. Impregna-se de todas as cores, de todos os sabores, de todos os cheiros. Compreende-se, pois, que o fenômeno da dissolução dos sólidos na água seja um dos principais fenômenos dessa química ingênua que continua a ser a química do senso comum e que, com um pouco de sonho, é a química dos poetas.

Por isso o espectador que gosta de contemplar a combinação das diversas matérias fica sempre maravilhado quando encontra líquidos que não se misturam. É que para o devaneio materializante todos os líquidos são águas, tudo o que escoa é água, a água é o único elemento líquido. A liquidez é precisamente a característica elementar da água. Um químico tão prudente como Malouin diz ainda no século XVIII: "A água é o líquido mais perfeito, é dela que os outros licores obtêm sua fluidez."[1] Afirmação sem prova que bem mostra que o devaneio pré-científico segue a tendência do devaneio natural, do devaneio infantil. Como, por exemplo, não haveria a criança de admirar o milagre da lamparina? O óleo flutua! O óleo que todavia é espesso! E depois, não ajuda ele a água a queimar? Todos os mistérios acumulam-se ao redor de uma coisa espantosa e o devaneio estende-se em todas as direções tão logo encontra um impulso.

De igual modo, "o frasco dos quatro elementos" da física elementar é manejado como um brinquedo singular. Ele encerra quatro líquidos não-miscíveis que se depositam por ordem de densidade, multiplica portanto a ilustração da lamparina. Esse "frasco dos quatro elementos" pode fornecer um bom exemplo para distinguir uma mente pré-científica de uma mente moderna, pode ajudar-nos a surpreender em seu princípio devaneios filosóficos vãos. Para uma mente moderna, a racionalização ocorre imediatamente. Ela sabe que a água é um líquido entre mil outros. Sabe que cada líquido se caracteriza por sua densidade. A diferença de densidade dos líquidos não-miscíveis basta-lhe para explicar o fenômeno.

Ao contrário, uma mente pré-científica vai fugir da ciência para a filosofia. Lê-se, por exemplo, a propósito do frasco dos quatro elementos, na *Théologie de l'eau* de Fabricius — autor que citaremos várias vezes porque sua obra é um exemplo muito bom dessa *física divagada* que mistura ao ensino positivo de um Pascal as mais incríveis baboseiras: "É isso que nos dá o espetáculo tão agradável quanto comum de quatro licores de diferentes pesos e de diferentes cores, que, quando mexidos juntos, não permanecem misturados mas, quando se pousa o vaso... vê-se cada um procurar e encontrar seu lugar natural. O negro, que representa a terra, vai para o fundo, o cinza coloca-se imediatamente acima, para marcar a água; o terceiro licor, que é azul, vem depois e representa o ar. Finalmente, o mais leve, que é vermelho

---

1. Malouin, *Chimie médicale*, 1755, t. I, p. 63.

como o fogo, ocupa a parte superior."[2] Como se vê, uma experiência um tanto figurada demais que apenas deveria ilustrar uma lei elementar da hidrostática fornece um pretexto à imaginação filosófica para extrapolar da experiência. Dá uma imagem pueril da doutrina dos quatro elementos fundamentais. É toda a filosofia antiga colocada num frasco.

Mas não insistiremos nesses brinquedos científicos, nessas experiências que recorrem excessivamente a imagens e pelas quais muitas vezes se torna crônico o infantilismo da pseudo-cultura científica ministrada nas nossas escolas. Já escrevemos um livro inteiro para tentar separar as condições do devaneio e as condições do pensamento[3]. Agora nossa tarefa é inversa: queremos mostrar como os sonhos se associam aos conhecimentos, queremos mostrar o trabalho de combinação que a imaginação material realiza entre os quatro elementos fundamentais.

II

Uma característica avulta de imediato: essas combinações imaginárias reúnem apenas dois elementos, nunca três. A imaginação material une a água à terra; une a água ao seu contrário, o fogo; une a terra e o fogo; vê por vezes no vapor e nas brumas a união do ar e da água. Mas nunca, em nenhuma imagem *natural*, se vê realizar a tripla união material da água, da terra e do fogo. A *fortiori*, nenhuma imagem pode receber os quatro elementos. Tal acúmulo seria uma contradição insuportável para uma imaginação dos elementos, para essa imaginação material que sempre tem necessidade de eleger uma matéria e de garantir-lhe um privilégio em todas as combinações. Se surgir uma união ternária, podemos estar certos de que se trata apenas de uma imagem artificial, de uma imagem feita com idéias. As verdadeiras imagens, as imagens do devaneio, são unitárias ou binárias. Podem

---

2. Fabricius, *Théologie de l'eau ou essai de la bonté divine manifestée par la création de l'eau*, trad. fr., Paris, 1743. É um livro muito citado no século XVIII. A primeira tradução é anônima. A segunda traz o nome do autor.
3. *La formation de l'esprit scientifique: contribution à une psychanalyse de la connaissance objective*, Vrin, 1938.

sonhar na monotonia de uma substância. Se desejarem uma combinação, é uma combinação de dois elementos.

Para esse cunho dualista da mistura dos elementos pela imaginação material existe uma razão decisiva: é que tal mistura constitui sempre um casamento. Com efeito, desde que duas substâncias elementares se unem, desde que se fundem uma na outra, elas se sexualizam. Na ordem da imaginação, ser contrárias para duas substâncias é ser de sexos opostos. Se a mistura se operar entre duas matérias de tendência feminina, como a água e a terra, pois bem! — uma delas se masculiniza ligeiramente para *dominar* sua parceira. Só sob essa condição a combinação é sólida e duradoura, só sob essa condição a combinação imaginária é uma *imagem real*. No reino da imaginação material, toda união é casamento e não há casamento a três.

Vamos agora estudar, como exemplos de combinações dos elementos imaginários, algumas misturas de elementos em que a água intervém. Examinaremos sucessivamente a união da água e do fogo — da água e da noite — e sobretudo da água e da terra, pois é nesta combinação que o duplo devaneio da forma e da matéria sugere os temas mais poderosos da imaginação criadora. Em particular, é principalmente com a mistura da água e da terra que poderemos compreender os princípios da psicologia da causa material.

III

Para a combinação da água e do fogo, podemos ser bastante breves. Isso porque já abordamos esse problema em nosso estudo sobre a *Psicanálise do fogo*. Examinamos em particular as imagens sugeridas pelo álcool, estranha matéria que parece, quando se cobre de chamas, aceitar um fenômeno contrário à sua própria substância. Quando o álcool arde, numa noite de festa, parece que *a matéria enlouqueceu*, parece que a água feminina perdeu todo pudor e que se entrega, delirante, ao seu senhor, o fogo! Não é de surpreender que certas almas aglomerem em torno dessa imagem excepcional impressões múltiplas, sentimentos contraditórios e que sob esse símbolo se forme um verdadeiro complexo.

Chamamos esse complexo de *complexo de Hoffmann*, porquanto o símbolo do ponche nos pareceu singularmente ativo nas obras do contista fantástico. Esse complexo explica às vezes crenças insensatas que provam precisamente a importância de seu papel no inconsciente. Assim Fabricius não hesita em dizer que uma *água conservada por muito tempo* se transforma "num licor espirituoso, mais leve que as outras águas e que quase se pode acendê-lo como a aguardente" [4]. Aos que zombarem dessa boa garrafa de água envelhecida, dessa água que, como um bom vinho, alcança a duração bergsoniana, será preciso responder que Fabricius é um filósofo muito sério que escreveu uma *Teologia da água* para a glória do Criador.

Na verdade, mesmo em químicos experientes, quando a química, no século XVIII, tende a individualizar bem as substâncias, ela não anula os privilégios das matérias elementares. Assim Geoffroy [5], para explicar que as *águas termais* cheiram a enxofre e a betume, não se refere imediatamente à substância do enxofre e do betume, mas lembra, ao contrário, que são "a matéria e o produto do fogo". A água termal é pois imaginada antes de tudo como a composição direta da água e do fogo.

Naturalmente, entre os poetas, o cunho direto da combinação será ainda mais decisivo; súbitas metáforas, de espantosa ousadia e fulgurante beleza, provam a força da imagem original. Por exemplo, num de seus ensaios "filosóficos", Balzac declara, sem a menor explicação, sem qualquer preparação, como se se tratasse de uma verdade evidente, que se pode apresentar sem comentário: "A água é um corpo queimado." Eis *a última frase de Gambara*. Pode ser colocada no rol das "frases perfeitas" que estão, como diz Léon-Paul Fargue [6], "no ponto culminante da maior experiência vital". Para tal imaginação, a água sozinha, isolada, a água pura não passa de um ponche extinto, uma viúva, uma substância arruinada. Será necessária uma imagem ardente para reanimá-la, para fazer dançar de novo uma chama sobre o seu espelho, para que se possa dizer com Deltheil: "Tua imagem queima a água do delgado canal." (*Choléra*, p. 42) Da mesma

---

4. *Mémoire littéraire de Trévoux*, 1730, p. 417.
5. Geoffroy, *Traité de la matière médicale*, Paris, 1743, t. I, p. 91.
6. Léon-Paul Fargue, *Sous la lampe*, 1929, p. 46.

ordem é também esta frase enigmática e perfeita de Novalis: "A água é uma chama molhada." Hackett, em sua bela tese sobre Rimbaud, notou a marca hídrica profunda do psiquismo de Arthur Rimbaud: "Na temporada no Inferno, o poeta parece pedir ao fogo para secar essa água que o obcecara continuamente... A água e todas as experiências a ela associadas resistem, contudo, à ação do fogo, e quando Rimbaud invoca o fogo chama ao mesmo tempo a água. Os dois elementos acham-se estreitamente unidos numa expressão surpreendente: 'Eu exijo. Eu exijo! um golpe de forcado, um pingo de fogo.' " [7]

Nesses pingos de fogo, nessas chamas molhadas, nessa água queimada, como não ver os duplos germes de uma imaginação que soube condensar duas matérias? Quão subalterna parece a imaginação das formas diante de tal imaginação da matéria!

Obviamente, uma imagem tão especial quanto a aguardente que arde numa lamparina alegre não poderia arrastar a imaginação a esse surto de imagens se não interviesse um devaneio mais profundo, mais antigo, um devaneio que toca o próprio fundo da imaginação material. Esse devaneio essencial é precisamente o casamento dos contrários. A água apaga o fogo, a mulher apaga o ardor. No reino das matérias, nada encontraremos de mais contrário que a água e o fogo. A água e o fogo proporcionam talvez a única contradição realmente substancial. Se logicamente um evoca o outro, sexualmente um deseja o outro. Como sonhar com maiores genitores que a água e o fogo!

No Rig-Veda, há hinos em que Agni é o filho das águas: "Agni é parente das águas, amado como um irmão para suas irmãs... Respira entre as águas como um cisne; despertado ao romper da aurora, ele chama os homens à existência; é criador como o soma; nascido do seio das águas, onde estava deitado como um animal que dobrou seus membros, ele cresceu e sua luz se espraiou ao longe." [8]

"Quem de vós discerne Agni quando ele se oculta no meio das águas; ele era recém-nascido e, pela virtude das oferendas,

---

7. C. A. Hackett, *Le lyrisme de Rimbaud*, 1938, p. 112. Hackett dá, em particular na p. 111, uma explicação psicanalítica do homem "filho dos dilúvios".
8. Citado por P. Saintyves, *Corpus du folklore des eaux en France et dans les colonies françaises*, ed. Nourry, 1934, pp. 54-5.

gera suas próprias mães: germe de águas abundantes, ele sai do Oceano.

"Aparecendo entre as águas, o fulgurante Agni cresce, elevando-se acima das chamas agitadas e espalhando sua glória; o céu e a terra ficam alarmados quando o radioso Agni vem a nascer..."

"Associado no firmamento com as águas, ele assume uma forma excelente e radiante; o sábio, apoio de todas as coisas, varre a fonte das chuvas."

A imagem do sol, do astro de fogo, saindo do Mar, é aqui a imagem objetiva dominante. O sol é o Cisne Vermelho. Mas a imaginação caminha incessantemente do Cosmo ao microcosmo. Projeta alternadamente o pequeno sobre o grande e o grande sobre o pequeno. Se o Sol é o glorioso esposo da Água do Mar, será preciso que na dimensão da libação a água "se entregue" ao fogo, que o fogo "tome" a água. O fogo gera sua mãe, eis uma fórmula que os alquimistas, sem conhecer o Rig-Veda, empregarão à saciedade. É uma imagem primordial do devaneio material.

Também Goethe percorre rapidamente o trajeto que leva do devaneio do "homunculus" ao devaneio cósmico. A princípio alguma coisa brilha no "úmido encantador", no "úmido vital". Depois esse fogo que sai da água "flameja ao redor da concha... de Galatéia. Flameja sucessivamente com força, com graça, com doçura, como agitado pelas pulsações do amor". Enfim, "ele se abrasa, lança relâmpagos e já se escoa" e as sereias retomam em coro: "Que maravilhosa chama ilumina as ondas que se quebram cintilantes umas contra as outras? Isso irradia e vela e resplende! Os corpos se abrasam no noturno caminho, e em derredor tudo goteja de fogo. Assim reina o amor, princípio das coisas! Glória ao mar! glória às suas ondas, cercadas de fogo sagrado! glória à onda! glória ao fogo! glória à estranha aventura!"[9] Não será este um epitalâmio em louvor ao matrimônio dos dois elementos?

Os filósofos mais sérios, diante da misteriosa união da água e do fogo, perdem a razão. Quando da recepção, na corte do duque de Brunswick, do químico Brandt, que descobrira o fósforo, esse fogo estranho por excelência, já que se conserva sob a

---

9. Goethe, *Second Faust*, pp. 374-5.

água, Leibniz escreveu versos latinos. Para celebrar tal prodígio, todos os mitos são evocados: o latrocínio de Prometeu, o vestido de Medéia, o rosto luminoso de Moisés, o fogo que Jeremias enterrou, as vestais, as lâmpadas sepulcrais, o combate dos sacerdotes egípcios e persas. "Esse fogo desconhecido na própria natureza, que um novo Vulcano acendera, que a Água conservava e impedia de juntar-se à esfera do fogo, sua pátria; que, sepultado sob a Água, dissimulava seu ser e saía luminoso e refulgente desse túmulo, imagem da alma imortal..."

As lendas populares confirmam esse aglomerado de mitos eruditos. Não é raro que a água e o fogo se associem nessas lendas. Ainda que as imagens sejam gastas, mostram com bastante facilidade seus traços sexuais. Assim, inúmeras são as fontes que, nas lendas, nascem sobre uma terra fulminada. A fonte nasce muitas vezes "de um raio". Por vezes, inversamente, o raio sai de um lago violento. Decharme se pergunta se o tridente de Poseidon não é "o raio de três pontas do deus do céu, transportado mais tarde ao soberano do mar"[10].

Num capítulo posterior, insistiremos nas características femininas da água imaginária. Não quisemos mostrar aqui senão o caráter matrimonial da química comum do fogo e da água. Diante da virilidade do fogo, a feminilidade da água é irremediável. Ela não pode virilizar-se. Unidos, esses dois elementos criam tudo. Bachoffen[11], em numerosas páginas, mostrou que a imaginação sonha a Criação como uma união íntima do duplo poder do fogo e da água. Bachoffen prova que essa união não é efêmera. É a condição de uma criação contínua. Quando a imaginação sonha com a união duradoura da água e do fogo, ela forma uma imagem material mista com um poder singular. É a imagem material da *umidade quente*. Para muitos devaneios cosmogônicos, é a *umidade quente* que constitui o princípio fundamental. É ela que dará vida à terra inerte e dela fará surgir todas as formas vivas. Em especial Bachoffen mostra que em muitos textos Baco é designado como o senhor de toda umidade: "*als Herr aller Feuchtigkeit*".

Pode-se facilmente verificar assim que essa noção de uma umidade quente conserva em muitas mentes um estranho privi-

---

10. Decharme, *Mythologie de la Grèce antique*, p. 302.
11. *Gräbersymbolik der Alten*. Cf., por ex., p. 54.

légio. Por ela, a criação adquire uma lentidão segura. O tempo se insere na matéria lentamente preparada. Já não sabemos o que é que trabalha: é o fogo, a água, o tempo? Essa tripla incerteza permite obter resposta para tudo. Quando um filósofo se apega a uma noção como a *umidade quente* para fundamentar sua cosmogonia, encontra convicções tão íntimas que nenhuma prova objetiva pode embaraçá-lo. Na verdade, podemos ver aqui em ação um princípio psicológico que já enunciamos: uma ambivalência é a base mais segura para valorizações indefinidas. A noção de umidade quente é ensejo para uma ambivalência incrivelmente poderosa. Já não se trata apenas de uma ambivalência que joga com qualidades superficiais e cambiantes. Trata-se verdadeiramente de *matéria*. A umidade quente é a matéria tornada ambivalente, ou seja, a ambivalência materializada.

III

Fazendo agora algumas observações sobre as combinações da Água e da Noite, parecemos ir contra nossas teses gerais sobre o materialismo imaginário. De fato, a noite parece um fenômeno universal que bem se pode tomar por um ser imenso que se impõe a toda a natureza, mas que em nada afeta as substâncias materiais. Se a Noite é personificada, é uma deusa a quem nada resiste, que envolve tudo, que oculta tudo; é a deusa do Véu.

Entretanto, o devaneio das matérias é um devaneio tão natural e tão invencível que a imaginação aceita quase sempre o sonho de uma noite ativa, de uma noite penetrante, de uma noite insinuante, de uma noite que entra na matéria das coisas. Então a Noite já não é uma deusa envolta em véus, já não é um véu que se estende sobre a Terra e os Mares; a Noite é *noite*, a noite é uma substância, a noite é a matéria noturna. A noite é apreendida pela imaginação *material*. E, como a água é a substância que melhor se oferece às misturas, a noite vai penetrar as águas, vai turvar o lago em suas profundezas, vai impregná-lo.

Às vezes a penetração é tão profunda, tão íntima que, para a imaginação, o lago conserva em plena luz do dia um pouco dessa matéria noturna, um pouco dessas trevas substanciais. Ele se "estinfaliza". Torna-se o negro pântano onde vivem os pássaros monstruosos, as estinfálidas, "filhos pequenos de Ares, que lançam suas penas como flechas, que devastam e contaminam os frutos do solo, que se apascentam de carne humana" [12]. Essa *estinfalização* não é, acreditamos, uma vã metáfora. Corresponde a um traço especial da imaginação melancólica. Sem dúvida, em parte pode-se explicar uma paisagem estinfalizada por aspectos sombrios. Mas não é por simples acidente que se acumulam, para traduzir esses aspectos de um lago desolado, as impressões noturnas. Deve-se reconhecer que essas impressões noturnas têm uma maneira própria de reunir-se, de proliferar, de se agravar. Deve-se reconhecer que a água lhes dá um centro em que elas convergem melhor, uma matéria em que elas perseveram por mais tempo. Em muitas narrativas, os lugares malditos têm em seu centro um lago de trevas e de horrores.

Em muitos poetas aparece também um mar imaginário que arrebatou a Noite em seu seio. É o *Mar das Trevas* — *Mare tenebrarum* —, onde os antigos navegadores localizaram antes seu terror que sua experiência. A imaginação poética de Edgar Poe explorou esse Mar das Trevas. Muitas vezes, sem dúvida, é o obscurecimento do Céu pela tempestade que dá ao mar essas tintas lívidas e negras. No momento da tempestade em alto-mar, na cosmologia de Edgar Poe, sempre aparece a mesma nuvem singular "cor de cobre". Mas, ao lado dessa racionalização fácil que explica a sombra pela tela, é sensível, no reino da imaginação, uma explicação substancial direta. A desolação é tão grande, tão profunda, tão íntima que a água é ela própria "cor de tinta". Nessa horrível tempestade, parece que a excreção de uma formidável sépia alimentou, em sua convulsão, todas as profundezas marinhas. Esse "mar das trevas" é "um panorama mais pavorosamente desolado do que é dado a uma imaginação humana conceber" [13]. Assim o real singular se apresenta como um além do imaginável — inversão curiosa que mereceria a meditação dos filósofos: ultrapasse o imaginável e terá uma realidade suficientemente forte para perturbar o coração e a mente. Eis as falésias "horrivelmente negras e salientes", eis a noite horrível que *esmaga* o Oceano. A tempestade entra então no seio das ondas, é também ela uma espécie de substância agitada, um movimento intestino

---

12. Decharme, op. cit., p. 487.
13. Edgar Poe, *Histoires extraordinaires*, Maelstrom, p. 223.

que se apodera da massa íntima, é "um marulhar breve, vivo e atormentado em todos os sentidos". Se refletirmos sobre isso, veremos que um movimento tão íntimo não é dado por uma experiência objetiva. Experimentamo-lo numa introspecção, como dizem os filósofos. A água misturada com a noite é um remorso antigo que não quer dormir...

A noite, à beira do lago, traz um medo específico, uma espécie de *medo úmido* que penetra o sonhador e o faz estremecer. Sozinha, a noite daria um medo menos físico. Sozinha, a água daria obsessões mais claras. A água na noite dá um medo penetrante. Um dos lagos de Edgar Poe, "amável" à luz do dia, desperta um terror progressivo quando a noite chega:

"Mas quando a noite estendia o seu manto sobre o lugar, como sobre tudo o mais, e o vento místico vinha murmurar sua música — então — oh! então eu despertava sempre para o terror do lago isolado." (p. 118)

Ao raiar do dia, os fantasmas sem dúvida ainda esvoaçam sobre as águas. Brumas vãs que se esgarçam, eles se vão... A pouco e pouco, são eles que têm medo. E assim eles se atenuam, afastam-se. Ao contrário, quando a noite chega, os fantasmas das águas se condensam, e portanto se aproximam. O terror aumenta no coração do homem. Os fantasmas do rio alimentam-se pois da água e da noite.

Se o medo ao pé do lago na noite é um medo especial, é também porque é um medo que conserva um certo horizonte. É muito diferente do medo na caverna ou na floresta. É menos próximo, menos condensado, menos localizado, mais fluente. As sombras sobre a água são de certa forma mais móveis que as sombras sobre a terra. Insistamos um pouco em seu movimento, em seu devir. À noite as lavandiscas instalam-se à beira dos rios em plena bruma. Naturalmente, é na primeira metade da noite que elas atraem sua vítima. É um caso particular dessa lei da imaginação que queremos repetir em qualquer ocasião: a imaginação é um devir. Fora dos reflexos do medo que não se imaginam e que por conseguinte são mal contados, o terror não pode ser comunicado numa obra literária senão no caso de ser um evidente devir. A noite vem, por si só, trazer um devir aos fantasmas. Desses fantasmas, só a guarda ascendente é ofensiva [14].

---

14. Cf. George Sand, *Visions dans les campagnes*, pp. 248-9.

Mas julgaríamos mal todos esses fantasmas se os julgássemos como visões. Eles nos tocam mais de perto. "A noite", diz Claudel, "tira-nos a nossa prova, já não sabemos onde estamos... Nossa visão já não tem o visível por limite, mas o invisível por calabouço, homogêneo, imediato, indiferente, compacto." Perto da água, a noite levanta uma frescura. Pela pele do viajante retardatário corre o frêmito das águas; uma realidade viscosa está no ar. A noite onipresente, a noite que jamais dorme desperta a água do lago que dorme sempre. De repente, sente-se a presença de fantasmas medonhos que não se vêem. Nas Ardenas, conta Bérenger-Féraud (op. cit., II, p. 43), há um espírito das águas "chamado o *oyeu* de Doby, que tem a forma de um animal horroroso *que ninguém nunca viu*". Que vem a ser, afinal, uma forma horrorosa que ninguém nunca viu? É o ser que olhamos com os olhos fechados, é o ser de quem falamos quando já não podemos exprimir-nos. A garganta aperta-se, as feições convulsionam-se, congelam-se num horror indizível. Alguma coisa fria como a água se cola sobre o rosto. O monstro, na noite, é uma medusa que ri.

Mas o coração nem sempre se sobressalta. Horas há em que a água e a noite unem sua doçura. René Char não saboreou a matéria noturna, ele que escreve: "O mel da noite consome-se lentamente." Para uma alma em paz consigo mesma, parece que a água e a noite adquirem, juntas, um perfume comum; parece que a sombra úmida tem um perfume de duplo frescor. Só à noite é que se sentem bem os perfumes da água. O sol tem demasiado odor para que a água ensolarada nos dê o seu.

Um poeta que sabe, em toda a força do termo, alimentar-se de imagens, conhecerá também o *sabor* da noite perto das águas. Paul Claudel escreve em *Connaissance de l'est*: "A noite está tão calma que parece salgada." (p. 110) A noite é como uma água mais leve que às vezes nos envolve bem de perto e vem refrescar nossos lábios. Absorvemos a noite pelo que há de hídrico em nós.

Para uma imaginação material bem viva, para uma imaginação que sabe assumir a intimidade material do mundo, as grandes substâncias da natureza — a água, a noite, o ar ensolarado — são já substâncias de "alto gosto". Não têm necessidade do pitoresco das especiarias.

IV

A união da água e da terra dá a massa. A massa é um dos esquemas fundamentais do materialismo. E sempre nos pareceu estranho que a filosofia tenha negligenciado o seu estudo. Com efeito, a massa nos parece ser o esquema do materialismo realmente íntimo em que a forma é excluída, apagada, dissolvida. A massa levanta pois os problemas do materialismo sob formas elementares, já que ela desembaraça a nossa intuição da preocupação com as formas. O problema das formas coloca-se então em segunda instância. A massa proporciona uma experiência inicial da matéria.

Na massa, a ação da água é evidente. Quando a amassadura continuar, o operário poderá passar à natureza especial da terra, da farinha, do gesso; mas, no início de seu trabalho, seu primeiro pensamento é para a água. É a água que constitui seu primeiro auxiliar. É pela atividade da água que começa o primeiro devaneio do operário que amassa. Assim, não é de admirar que a água seja então sonhada numa ambivalência ativa. Não há devaneio sem ambivalência, não há ambivalência sem devaneio. Ora, a água é sonhada sucessivamente em seu papel emoliente e em seu papel aglomerante. Ela desune e une.

A primeira ação é evidente. A água, como se dizia nos antigos livros de química, "tempera os outros elementos". Destruindo a secura — a obra do fogo — ela é vencedora do fogo; tira do fogo uma paciente desforra; aplaca o fogo; em nós, ela abranda a febre. Mais que o martelo, ela aniquila as terras, amolece as substâncias.

E, depois, o trabalho na massa continua. Quando se conseguiu fazer penetrar realmente a água na própria substância da terra esmagada, quando a farinha bebeu a água e quando a água comeu a farinha, então começa a experiência da "ligação", o longo sonho da "ligação".

Esse poder de *ligar* substantivamente, pela comunhão de vínculos íntimos, o operário, sonhando sua tarefa, atribui-o ora à terra, ora à água. Com efeito, em muitos inconscientes, a água é amada por sua viscosidade. A experiência do viscoso reúne imagens orgânicas numerosas: elas ocupam incessantemente o trabalhador em sua longa paciência da amassadura.

É assim que Michelet nos pode aparecer como um adepto dessa química *a priori*, dessa química baseada em devaneios inconscientes [15]. Para ele, "a água do mar, mesmo a mais pura, colhida no largo, longe de qualquer mistura, é ligeiramente viscosa... As análises químicas não explicam essa característica. Há aí uma substância orgânica que elas só atingem destruindo-a, tirando-lhe o que ela tem de especial e reconduzindo-a violentamente aos elementos gerais". Então ele encontra sob sua pena, com toda a naturalidade, a palavra *muco* para completar esse devaneio misturado no qual intervêm a viscosidade e a mucosidade: "Que é o *muco* do mar? A viscosidade que a água em geral apresenta? Não será ele o elemento universal da vida?"

Às vezes também a viscosidade é a marca de uma fadiga onírica; ela impede o sonho de avançar. Vivemos então sonhos pegajosos num meio viscoso. O calidoscópio do sonho está cheio de objetos redondos, de objetos vagarosos. Esses sonhos moles, se pudéssemos estudá-los sistematicamente, levariam ao conhecimento de uma imaginação mesomorfa, isto é, de uma imaginação intermediária entre a imaginação formal e a imaginação material. Os objetos do sonho mesomorfo só dificilmente adquirem sua forma, para depois perdê-la, desmanchando-se como uma massa. Ao objeto pegajoso, mole, preguiçoso, fosforescente às vezes — e não luminoso — corresponde, acreditamos, a densidade ontológica mais forte da vida onírica. Esses sonhos que são sonhos de massa constituem sucessivamente uma luta ou uma derrota para criar, para formar, para deformar, para amassar. Como diz Victor Hugo: "Tudo se deforma, mesmo o informe." (*Les travailleurs de la mer, Homo Edax*)

O próprio olho, a visão pura, fatiga-se dos sólidos. Ele quer sonhar a deformação. Se a vista aceita realmente a liberdade do sonho, tudo se escoa numa intuição viva. Os "relógios moles" de Salvador Dalí estiram-se, gotejam no canto de uma mesa. Vivem num espaço-tempo viscoso. Como clepsidras generalizadas, fazem "escorrer" o objeto submetido diretamente às tentações da monstruosidade. Medite-se *La conquête de l'irrationnel* e se compreenderá que esse heraclitismo pictórico está sob a dependência de um devaneio espantosamente sincero. Deformações tão

---

15. Michelet, *La mer*, p. 111.

profundas têm necessidade de inserir a deformação na substância. Como diz Salvador Dalí, o *relógio mole* é carne, é "queijo"[16]. Essas deformações não raro são mal compreendidas porque vistas estaticamente. Alguns críticos *estabilizados* as tomam facilmente por insânias. Não vivem sua força onírica profunda, não participam da imaginação de rica viscosidade que dá às vezes a um piscar de olhos o benefício de uma divina lentidão.

Encontraríamos na mente pré-científica numerosos traços dos mesmos devaneios. Assim, para Fabricius, a água pura é já uma cola; contém uma substância que está encarregada, pelo inconsciente, de *realizar* sua ligação que atua na massa: "A água tem uma matéria viscosa e pegajosa que a faz aderir facilmente à madeira, ao ferro e a outros corpos rudes." (op. cit., p. 30)

Não é apenas um sábio sem renome como Fabricius que pensa com tais intuições materialistas. Reencontraremos a mesma teoria na química de Boerhaave. Boerhaave escreve em seus *Elementos de química*: "As próprias pedras e os tijolos, reduzidos a pó e expostos em seguida à ação do Fogo... dão sempre um pouco de Água; e mesmo eles devem em parte sua origem à Água, que, como a cola, liga suas partes umas às outras." (*Eléments de chymie*, t. II, p. 562) Em outras palavras, a água é a cola universal.

Essa *pega* da água à matéria não será plenamente compreendida se nos contentarmos com a observação visual. É preciso acrescentar uma observação do tato. É uma palavra com dois componentes sensíveis. É interessante seguir a ação, por apagada que seja, de uma experiência táctil que vem somar-se à observação visual. Desse modo se retificará a teoria do *homo faber* que postula com demasiada rapidez um acordo entre o trabalhador e o geômetra, entre a ação e a visão.

Proporemos, então, reintegrar na psicologia do *homo faber* ao mesmo tempo os mais distantes devaneios e o mais duro labor. Também a mão tem seus sonhos, suas hipóteses. Ela ajuda a conhecer a matéria em sua intimidade. Ajuda pois a sonhar.

As hipóteses de "química ingênua" que nascem do trabalho do *homo faber* têm pelo menos tanta importância psicológica quanto as idéias de "geometria natural". E mesmo, como tais hipóteses

---

16. Cf. Salvador Dalí, *La conquête de l'irrationnel*, p. 25.

pré-julgam a matéria mais intimamente, dão mais profundidade ao devaneio. Na amassadura, não há mais geometria, nem aresta, nem corte. É um sonho contínuo. É um trabalho em que se pode fechar os olhos. É, pois, um devaneio íntimo. E depois, ele é ritmado, duramente ritmado, num ritmo que toma o corpo inteiro. É, portanto, vital. Tem a característica predominante da duração: o ritmo.

Esse devaneio que nasce do trabalho com as massas põe-se também, forçosamente, de acordo com uma vontade de poder especial, com a alegria masculina de *penetrar* na substância, de *palpar o interior* das substâncias, de conhecer o interior dos grãos, de vencer a terra intimamente, como a água vence a terra, de reencontrar uma força elementar, de tomar parte no combate dos elementos, de participar de uma força dissolvente sem recurso. Depois, a ação aglutinante começa e a amassadura, com seu lento mas regular progresso, proporciona uma alegria especial, menos satânica que a alegria de dissolver; a mão toma diretamente consciência do sucesso progressivo da união da terra e da água. Outra duração se insere então na matéria, uma duração sem brusquidão, sem impulso, sem fim preciso. Essa duração não é pois *formada*. Não tem os diversos *repositórios* dos esboços sucessivos que a contemplação encontra no trabalho dos sólidos. Essa duração é um devir substancial, um devir pelo interior. Também ela pode dar um exemplo objetivo de uma duração íntima. Duração pobre, simples, rude, que exige trabalho para prosseguir. Duração anagenética, apesar de tudo, duração que monta, que produz. É de fato a duração laboriosa. Os verdadeiros trabalhadores são os que puseram "a mão na massa". Têm a vontade operosa, a vontade manual. Essa vontade muito especial é visível nas ligaduras da mão. Só quem já esmagou a groselha e a uva compreenderá o hino ao Soma: "Os dez dedos almofaçam o corcel na tina." (*Hymnes et prières du Véda*, p. 44) Se Buda tem cem braços, é porque ele é amassador.

A pasta produz a *mão dinâmica* que fornece quase a antítese da *mão geométrica* do *homo faber* bergsoniano. É um órgão de energia e não mais um órgão de formas. A mão dinâmica simboliza a imaginação da força.

Meditando os diversos ofícios que amassam, compreenderíamos melhor a *causa material*, veríamos suas variedades. A ação modelante não é suficientemente analisada pela atribuição das formas. O efeito da matéria não é tampouco suficientemente designado pela resistência à ação modelante. Todo trabalho com massas leva à concepção de uma causa material realmente positiva, realmente atuante. Há nele uma *projeção* natural. Há nele um caso particular do pensamento *projetante* que transporta todos os pensamentos, todas as ações, todos os devaneios do homem para as coisas, do operário para a obra. A teoria do *homo faber* bergsoniano considera apenas a *projeção* dos pensamentos claros. Essa teoria negligenciou a *projeção* dos sonhos. Os ofícios que cortam, que talham, não dão uma instrução bastante íntima sobre a matéria. A projeção permanece externa, geométrica. A matéria não pode sequer desempenhar o papel de suporte dos atos. Ela é apenas o resíduo dos atos, o que o corte não suprimiu. O escultor diante de seu bloco de mármore é um servidor escrupuloso da causa formal. Ele encontra a forma pela eliminação do informe. O modelador diante de seu bloco de argila encontra a forma pela deformação, por uma vegetação sonhadora do amorfo. O modelador é quem está mais perto do sonho íntimo, do sonho vegetante.

Haverá necessidade de acrescentar que esse díptico bastante simplificado não deve fazer crer que separamos efetivamente as lições da forma e as lições da matéria? O verdadeiro gênio as reúne. Nós mesmos evocamos na *Psicanálise do fogo* intuições que provam que Rodin soube também conduzir o sonho da matéria.

Podemos agora surpreender-nos com o entusiasmo das crianças pela experiência das massas? Marie Bonaparte lembrou o sentido psicanalítico de semelhante experiência. Na esteira dos psicanalistas que isolaram as determinações anais, ela lembra o interesse da criança pequena e de certos neuróticos por seus excrementos [17]. Como nesta obra analisamos apenas estados psíquicos mais evoluídos, mais diretamente adaptados às experiências objetivas e às obras poéticas, devemos caracterizar o trabalho de amassadura em seus elementos puramente ativos, separando-os de sua tara psicanalítica. O trabalho com massas tem uma infância regular. Na praia, parece que a criança, como um jovem

---

17. Cf. Marie Bonaparte, op. cit., p. 457.

castor, segue as impulsões de um instinto muito geral. Stanley Hall, informa-nos Koffka [18], observou nas crianças traços que lembram os ancestrais da época lacustre.

O limo é a poeira da água, como a cinza é a poeira do fogo. Cinza, limo, poeira, fumaça darão imagens que trocarão indefinidamente sua matéria. Por essas formas diminuídas as matérias elementares comungam. São de certa forma as quatro poeiras dos quatro elementos. O *limo* é uma das matérias mais valorizadas. Parece que sob essa forma a água trouxe à terra o próprio princípio da fecundidade calma, lenta, segura. Nos banhos de lama, em Acqui, Michelet expressa nestes termos todo o seu fervor, toda a sua fé na regeneração: "Num lago estreito onde se concentra a lama, admirei o poderoso esforço das águas que, tendo-a preparado, peneirado na montanha e depois coagulado, lutando contra sua própria obra, através de sua opacidade, querendo perfurá-la, erguem-na com pequenos tremores de terra, atravessam-na com pequenos jatos, vulcões microscópicos. Este jato não passa de bolhas de ar, mas aquele outro, permanente, indica a constante presença de um fiozinho que, incomodado alhures, após milhares e milhares de atritos, acaba por vencer, obter o que parece o desejo, o esforço dessas pequenas almas, encantadas por ver o sol." [19] Ao lermos tais páginas, sentimos em ação uma imaginação material irresistível, que, a despeito de todas as dimensões, a despeito de todas as imagens formais, *projetará* imagens unicamente dinâmicas do *vulcão microscópico*. Essa imaginação material participa da vida de todas as substâncias, empenha-se em amar o borbulhar da vasa trabalhada pelas bolhas. Então todo calor, todo envoltório é maternidade. E Michelet, diante dessa lama negra, "lama de modo algum suja", prolongando-se nesse barro vivo exclama: "Querida mãe comum! Nós somos um. Eu venho de ti, para ti retorno. Mas dize-me então, francamente, o teu segredo. Que fazes em tuas profundas trevas, de onde me envias essa alma quente, poderosa, rejuvenescedora, que quer me fazer viver ainda? Que fazes aí? — O que vês, o que faço sob os teus olhos. Ela falava distintamente, um pouco

---

18. Koffka, *The Growth of the Mind*, p. 43.
19. Jules Michelet, *La montagne*, p. 109.

baixo, mas com uma voz doce, sensivelmente maternal." Essa voz maternal não procede realmente da substância? da própria matéria? A matéria fala a Michelet por sua intimidade. Michelet apreende a vida material da água em sua essência, em sua contradição. A água "luta contra sua própria obra". É a única maneira de tudo fazer, de dissolver e coagular.

Esse poder bivalente estará sempre na base das convicções da *fecundidade contínua*. Para continuar, é preciso reunir contrários. Em seu livro *La déesse nature et la déesse vie*, Ernest Seillière nota justamente que a vegetação profusa do pântano é o símbolo do telurismo (p. 66). É o casamento substancial da terra e da água, realizado no charco, que determina a potência vegetal anônima, gordurosa, curta e abundante. Uma alma como a de Michelet compreendeu que o limo nos ajuda a participar das forças vegetantes, das forças regeneradoras da terra. Leiam-se essas páginas extraordinárias sobre *sua vida enterrada*, quando ele é mergulhado inteiramente no limo untuoso. Essa terra, "eu a sentia muito acariciante e compassiva, aquecendo seu filho ferido. Do exterior? No interior também. Pois ela penetrava com seus espíritos vivificantes, adentrava-me e misturava-se a mim, insinuava-me sua alma. A identificação tornava-se completa entre nós. Já não me distinguia dela. A tal ponto que, no último quarto de hora, o que ela não cobria, o que me restava livre, o rosto, era-me importuno. O corpo sepultado era feliz, e era eu. Não enterrada, a cabeça se queixava, não era mais eu; pelo menos, eu o teria acreditado. Tão forte era o casamento! e mais que um casamento entre mim e a Terra! Dir-se-ia antes *troca de natureza*. Eu era Terra, e ela era homem. Ela tinha tomado para si minha enfermidade, meu pecado. Eu, tornando-me Terra, tinha tomado sua vida, seu calor, sua juventude" (p. 114). A *troca de natureza* entre o lodo e a carne é aqui um exemplo completo de devaneio material.

Teremos a mesma impressão da união orgânica da terra e da água ao meditar esta página de Claudel: "Em abril, precedido pela floração profética do ramo da ameixeira, começa sobre toda a terra o trabalho da Água, acre serva do Sol. Ela dissolve, aquece, amolece, penetra, e o sal se faz saliva, persuade, mastiga, mistura, e quando a base está assim preparada a vida parte, o mundo vegetal, por todas as suas raízes, recomeça a puxar o fundo universal. A água ácida dos primeiros meses torna-se pouco a pouco um espesso xarope, um trago de licor, um mel amargo carregado de poderes sexuais..." [20]

A argila também será, para muitas almas, um tema de devaneios sem fim. O homem se perguntará indefinidamente de que lama, de que argila ele é feito. Pois para criar sempre é preciso uma argila, uma matéria plástica, uma matéria ambígua onde vêm unir-se a terra e a água. Não é em vão que os gramáticos franceses discutem se argila é masculino ou feminino. Nossa doçura e nossa solidez são contrárias, ela exige participações andróginas. A argila certa deveria já ter terra suficiente e água suficiente. Como é bela essa página em que O. V. de L.-Milosz [21] diz que somos feitos unicamente de argila e de lágrimas! Um déficit de dores e de lágrimas e o homem é seco, pobre, maldito. Um excesso de lágrimas, uma falta de coragem e de endurecimento na argila é outra miséria: "Homem de argila, as lágrimas afogaram teu miserável cérebro. As palavras sem sal escorrem sobre tua boca como água morna."

Como nos prometemos, nesta obra, aproveitar todos os ensejos para desenvolver a psicologia da imaginação material, não queremos deixar os devaneios da amassadura e da malaxagem sem seguir outra linha de devaneio material ao longo da qual se pode viver a lenta e difícil conquista da forma pela matéria rebelde. A água aqui está ausente. Por isso o trabalhador se entregará, como por acaso, a uma *paródia* das obras vegetais. Essa paródia do poder hídrico nos ajudará um pouco a compreender o poder da água imaginária. Queremos falar do devaneio da alma forjadora.

O devaneio de forjar é tardio. Como o trabalho parte do sólido, o operário é a princípio consciência de uma vontade. De início é a vontade que entra em cena; em seguida a astúcia que, pelo fogo, vai conquistar a maleabilidade. Mas, quando a deformação se faz sentir sob o martelo, quando as barras se curvam, alguma coisa do sonho das deformações introduz-se na alma do trabalhador. Então se abrem pouco a pouco as portas do devaneio. Nascem então as *flores de ferro*. É do exterior, sem dúvida,

---

20. Paul Claudel, *L'oiseau noir dans le soleil levant*, p. 242.
21. O. V. de L.-Milosz, *Miguel Mañara*, p. 75.

que elas imitam as glórias vegetais; mas, se seguirmos com mais simpatia a paródia de suas inflexões, sentiremos que elas receberam do operário uma força vegetante íntima. Após sua vitória, o martelo do ferreiro acaricia, com pequenos golpes, a voluta. Um sonho de moleza, não sei que lembrança de fluidez se aprisiona num ferro forjado. Os sonhos que viveram numa alma continuam a viver em suas obras. A grelha, trabalhada durante muito tempo, permanece como uma cerca viva. Ao longo de suas hastes continua a subir um azevinho algo mais duro, algo mais embaciado que o azevinho natural. E, para quem sabe sonhar com os confins do homem e da natureza, para quem sabe jogar com todas as inversões poéticas, o azevinho do campo não será já um enrijecimento do vegetal, um ferro forjado?

Esta evocação da alma forjadora pode, aliás, servir-nos para apresentar sob um novo aspecto o devaneio material. Para amolecer o ferro, é preciso sem dúvida um gigante; mas o gigante dará lugar a anões quando for necessário distribuir nas flores do ferro a meticulosidade das inflexões. O gnomo sai então, realmente, do metal. Com efeito, a miniaturização de todos os seres fantasmáticos é uma forma figurada do devaneio dos elementos. Os seres descobertos sob um torrão de terra, no ângulo de um cristal, estão incrustados na matéria; são as forças elementares da matéria. Nós os despertamos quando sonhamos, não diante do objeto, mas diante de sua substância. O *pequeno* desempenha um papel de substância diante do *grande*; o *pequeno* é a estrutura íntima do *grande*; o *pequeno*, mesmo que pareça simplesmente formal ao fechar-se no *grande*, incrustando-se, materializa-se. Realmente, o devaneio verdadeiramente formal se desenvolve ao organizar objetos de dimensões bastante grandes. Ele pulula. Ao contrário, o devaneio material damasquina os seus objetos. Ele grava. Sempre é ele que grava. Desce, continuando os sonhos do trabalhador, até o fundo das substâncias.

O devaneio material conquista então uma intimidade mesmo com relação às substâncias mais duras, mais hostis ao sonho de penetração. Ele sente-se naturalmente mais à vontade no trabalho com a massa, que proporciona uma dinâmica ao mesmo tempo fácil e circunstanciada da penetração. Evocamos o devaneio forjador apenas para fazer sentir melhor a doçura do devaneio amassador, as alegrias da massa amolecida, e também o reconhecimento do amassador, do sonhador, para com a água que propicia sempre um sucesso sobre a matéria compacta.

Seria um nunca acabar se quiséssemos seguir os devaneios do *homo faber* que se abandona à imaginação das matérias. Nunca uma matéria lhe parecerá suficientemente trabalhada, porque ele nunca acaba de sonhá-la. As formas se completam. As matérias, nunca. A matéria é o esquema dos sonhos indefinidos.

CAPÍTULO V

A ÁGUA MATERNAL E A ÁGUA FEMININA

> ... e, como nos tempos antigos,
> poderias dormir no mar.
>
> PAUL ÉLUARD,
> *Les nécessités de la vie*

I

Como indicamos num capítulo anterior, Marie Bonaparte interpretou, no sentido das lembranças da infância, da primeiríssima infância, o apego de Edgar Poe a certos quadros imaginários bastante típicos. Uma das partes do estudo psicanalítico de Marie Bonaparte intitula-se *O ciclo da mãe-paisagem*. Quando se segue a inspiração da pesquisa psicanalítica, compreende-se bem depressa que os traços objetivos da paisagem são insuficientes para explicar o sentimento da natureza, se esse sentimento for profundo e verdadeiro. Não é o *conhecimento* do real que nos faz amar apaixonadamente o real. É o *sentimento* que constitui o valor fundamental e primeiro. A natureza, começamos por amá-la sem conhecê-la, sem vê-la bem, realizando nas coisas um amor que se fundamenta alhures. Em seguida, procuramo-la em detalhe, porque a amamos em geral, sem saber por quê. A descrição entusiasta que dela fazemos é uma prova de que a olhamos com paixão, com a constante curiosidade do amor. E se o sentimento pela natureza é tão duradouro em certas almas é porque, em sua forma original, ele está na origem de todos os sentimentos. É o sentimento filial. Todas as formas de amor recebem um componente do amor por uma mãe. A natureza é para o homem adulto, diz-nos Marie Bonaparte, "uma mãe imensamente ampliada, eterna e projetada no infinito" (p. 363). Sentimentalmente, a natureza é uma *projeção* da mãe. Especificamente, acrescenta Bonaparte: "O mar é para todos os homens um dos maiores, um dos mais constantes símbolos maternos." (p. 367) E Edgar Poe oferece um exemplo particularmente nítido dessa projeção, dessa simbolização. Aos que objetarem que Edgar Poe criança pôde encontrar *diretamente* as alegrias marinhas, aos realistas que desconhecem a importância da *realidade psicológica*, Marie Bonaparte responde: "O mar-realidade, por si só, não bastaria para fascinar, como o faz, os seres humanos. O mar canta para eles um canto de duas pautas, das quais a mais alta, a mais superficial, não é a mais encantatória. É o canto profundo... que, em todos os tempos, atraiu os homens para o mar." Esse canto profundo é a voz maternal, a voz de nossa mãe: "Não é porque a montanha é verde ou o mar azul que nós os amamos, ainda que demos essas razões para a nossa atração; é porque algo de nós, de nossas lembranças inconscientes, no mar azul ou na montanha verde, encontra um meio de se reencarnar. E esse algo de nós, de nossas lembranças inconscientes, é sempre e em toda parte resultado de nossos amores da infância, desses amores que a princípio se dirigiam apenas à criatura, em primeiro lugar à criatura-abrigo, à criatura-nutrição que foi a mãe ou a ama de leite..." (p. 371)

Em suma, o amor filial é o primeiro princípio ativo da projeção das imagens, é a força propulsora da imaginação, força inesgotável que se apossa de todas as imagens para colocá-las na perspectiva humana mais segura: a perspectiva materna. Outros amores virão, naturalmente, enxertar-se nas primeiras forças amantes. Mas todos esses amores nunca poderão destruir a prioridade histórica de nosso primeiro sentimento. A cronologia do coração é indestrutível. Posteriormente, quanto mais um sentimento de amor e de simpatia for metafórico, mais ele terá necessidade de ir buscar forças no sentimento fundamental. Nestas condições, *amar* uma imagem é sempre *ilustrar* um amor; amar uma imagem é encontrar sem o saber uma metáfora nova para um amor antigo. Amar o universo *infinito* é dar um sentido material, um sentido objetivo à *infinitude* do amor por uma mãe. Amar uma paisagem *solitária*, quando estamos abandonados por todos, é compensar uma ausência dolorosa, é lembrar-nos daquela que não abandona... Quando amamos uma realidade com toda a nossa alma, é porque essa realidade é já uma alma, é porque essa realidade é uma lembrança.

II

Vamos tentar reunir essas observações gerais partindo do ponto de vista da imaginação material. Veremos que a criatura que nos alimenta com seu leite, com sua própria substância, marca com seu signo indelével imagens muito diversas, muito distantes, muito exteriores, e que essas imagens não podem ser corretamente analisadas pelos temas habituais da imaginação formal. Sem entrar em detalhes, mostraremos que essas imagens muito valorizadas têm mais de matéria que de formas. Para fazer essa demonstração, vamos estudar um pouco mais de perto as imagens literárias que pretendem forçar as águas naturais, a água dos lagos e dos rios, a água dos próprios mares, a receber as aparências leitosas, as metáforas lácteas. Mostraremos que essas metáforas *insensatas* ilustram um amor inolvidável.

Como já observamos, para a imaginação material todo líquido é uma água. É um princípio fundamental da imaginação material que obriga a pôr na raiz de todas as imagens substanciais um dos elementos primitivos. Esta observação é já justificada visualmente, dinamicamente: para a imaginação, tudo o que *escoa* é água; tudo o que escoa participa da natureza da água, diria um filósofo. O epíteto da água *corrente* é tão forte que cria sempre e por toda parte o seu substantivo. A cor pouco importa: ela dá apenas um adjetivo; não designa mais que uma variedade. A imaginação material vai imediatamente à qualidade substancial.

Se agora levarmos mais longe nossa busca no inconsciente, examinando o problema no sentido psicanalítico, deveremos dizer que toda água é um leite. Mais exatamente, toda bebida feliz é um leite materno. Temos aí o exemplo de uma explicação em dois estágios da imaginação material, em dois graus sucessivos de profundidade inconsciente: primeiro, todo líquido é uma água; em seguida toda água é um leite. O sonho tem uma raiz pivotante que desce no grande inconsciente simples da vida infantil primitiva. Tem também toda uma rede de raízes fasciculadas que vivem numa camada mais superficial. É sobretudo essa região superficial, onde se misturam o consciente e o inconsciente, que estudamos em nossas obras sobre a imaginação. Mas é tempo de mostrar que a zona profunda é sempre ativa e que a imagem material do leite sustenta as imagens, mais conscientes, das águas. Os primeiros centros de interesse são constituídos por um interesse orgânico. É o centro de um interesse orgânico que centraliza inicialmente as imagens adventícias. Chegaríamos à mesma conclusão se examinássemos como se valoriza progressivamente a linguagem. A primeira sintaxe obedece a uma espécie de gramática das necessidades. O leite é então, na ordem da expressão das realidades líquidas, o primeiro substantivo, ou, mais precisamente, o primeiro substantivo bucal.

Observemos, de passagem, que nenhum dos valores que se ligam à boca é recalcado. A boca, os lábios — eis o terreno da primeira felicidade positiva e precisa, o terreno da sensualidade permitida. A psicologia dos lábios mereceria, por si só, um longo estudo.

Ao abrigo dessa sensualidade permitida, insistamos um pouco no exame da região psicanalítica e citemos alguns exemplos que provam o cunho fundamental da "maternidade" das águas.

Evidentemente, é a imagem diretamente humana do leite que constitui o suporte psicológico do hino védico mencionado por Saintyves: "As águas que são as nossas mães e que desejam tomar parte nos sacrifícios vêm até nós seguindo os seus caminhos e nos distribuem o seu leite." [1] Enganar-se-ia, com efeito, quem visse aqui apenas uma imagem filosófica vaga rendendo graças à divindade pelos benefícios da natureza. A adesão é muito mais íntima e devemos, a nosso ver, dar à imagem a integridade absoluta de seu realismo. Poderíamos dizer que, para a imaginação material, a água, como o leite, é um alimento completo. O hino mencionado por Saintyves continua: "A ambrosia está nas águas, as ervas medicinais estão nas águas... Águas, levai à perfeição todos os remédios que afugentam as doenças, para que meu corpo goze de vossos felizes efeitos e eu possa ver o sol por muito tempo."

---

1. Saintyves, *Folklore des eaux*, p. 54. Cf. também Louis Renou, *Hymnes et Prières du Veda*, p. 33: "Ele inunda o solo, a terra e o próprio céu, Varuna — quando deseja o leite."

A água é um leite quando é cantada com fervor, quando o sentimento de adoração pela maternidade das águas é apaixonado e sincero. O tom hínico, quando anima um coração sincero, conduz, com uma curiosa regularidade, a imagem primitiva, a imagem védica. Num livro que se crê objetivo, quase erudito, Michelet, fazendo seu *Anschauung* do Mar, reencontra naturalmente a imagem do mar de leite, do mar vital, do mar-alimento: "Essas águas nutritivas são adensadas com todos os tipos de átomos gordurosos, apropriados à mole natureza do peixe, que preguiçosamente abre a boca e aspira, alimentado como um embrião no seio da mãe comum. Sabe ele que está engolindo? Muito pouco. O alimento microscópico é como um leite que vem até ele. A grande fatalidade do mundo, a fome, pertence somente à terra; aqui, ela é prevenida, ignorada. Nenhum esforço de movimento, nenhuma busca de alimento. A vida deve flutuar como um sonho."[2] Não é esse, com toda evidência, o sonho de uma criança saciada, de uma criança que flutua em seu bem-estar? Sem dúvida, Michelet *racionalizou*, de muitas maneiras, a imagem que o encanta. Para ele, como dissemos mais acima, a água do mar é um *muco*. Já foi trabalhada e enriquecida pela ação vital dos seres microscópicos que trouxeram "elementos suaves e fecundos" (p. 115). "Esta última palavra abre uma visão profunda sobre a vida do mar. Seus filhos, em sua maioria, parecem fetos no estado gelatinoso que absorvem e que produzem a matéria mucosa e com ela enchem as águas, dando-lhes a fecunda suavidade de um útero infinito em que novos filhos vêm incessantemente nadar como num leite tépido." Tanta doçura, tanta tepidez são marcas reveladoras. Nada as sugere *objetivamente*. Tudo as justifica *subjetivamente*. A maior realidade corresponde em primeiro lugar ao que se come. A água do mar é logo, para a visão pambiológica de Michelet, "a água animal", o primeiro alimento de todos os seres.

Enfim, a melhor prova de que a imagem "nutritiva" comanda todas as outras imagens é que Michelet não hesita, no plano cósmico, em passar do leite ao seio: "Com suas carícias assíduas, arredondando a margem [o mar], deu-lhe seus contornos maternais, e eu ia dizer a ternura visível do seio da mulher, o que

---

2. Michelet, *La mer*, p. 109.

o filho acha tão suave, abrigo, tepidez e repouso."³ No fundo de que golfo, diante de que cabo arredondado teria Michelet *visto* a imagem de um seio de mulher se primeiro não tivesse sido conquistado, retomado por uma força da imaginação material, pelo poder da imagem substancial do leite? Diante de uma metáfora tão ousada, a única explicação possível é a que se apóia no princípio da imaginação material: *é a matéria que comanda a forma*. O seio é arredondado porque intumescido de leite.

A poesia do mar em Michelet é pois um devaneio que vive numa zona profunda. O mar é maternal, a água é um leite prodigioso; a terra prepara em suas matrizes um alimento tépido e fecundo; nas margens se intumescem seios que darão a todas as criaturas *átomos gordurosos*. O otimismo é uma abundância.

III

Pode parecer que a afirmação dessa adesão imediata a uma imagem materna situa incorretamente o problema das imagens e das metáforas. Para nos contradizer, insistir-se-á no fato de que a simples visão, de que a mera contemplação dos espetáculos da natureza parecem impor, também elas, imagens diretas. Objetar-se-á, por exemplo, que inúmeros poetas, inspirados por uma visão tranqüila, falam-nos da beleza láctea de um lago aprazível iluminado pela lua. Discutamos, pois, essa imagem tão familiar à poesia das águas. Embora aparentemente muito desfavorável às nossas teses sobre a imaginação material, tal imagem vai em última análise provar-nos que é pela matéria, e não pelas formas e pelas cores, que se pode explicar a sedução que ela exerce sobre os mais diferentes poetas.

Efetivamente, como se concebe fisicamente a realidade dessa imagem? Noutras palavras, quais são as condições objetivas que determinam a produção dessa imagem específica?

Para que a imagem láctea se apresente à imaginação diante de um lago adormecido sob a lua, é preciso que a claridade lunar seja difusa — é necessária uma água fracamente agitada, mas ainda assim suficientemente agitada para que a superfície não

---

3. Id., ibid., p. 124.

reflita cruamente a paisagem iluminada pelos raios — é preciso, em suma, que a água passe da transparência à translucidez, que se faça docemente opaca, que se opalize. Mas isso é tudo o que ela pode fazer. Será que isso basta realmente para que se pense numa tigela de leite, no balde escumoso da camponesa, no leite *objetivo*? Não nos parece. Deve-se, então, reconhecer que a imagem não tem nem seu princípio nem sua força no elemento visual. Para justificar a convicção do poeta, para justificar a freqüência e o natural da imagem, deve-se integrar à imagem componentes que não se *vêem*, componentes cuja natureza não é *visual*. São precisamente os componentes pelos quais se manifestará a imaginação material. Só uma psicologia da imaginação material poderá explicar essa imagem em sua totalidade e em suas vidas reais. Tentemos, pois, integrar todos os componentes que põem em ação essa imagem.

Qual é, portanto, no fundo, essa imagem de uma água leitosa? É a imagem de uma noite tépida e feliz, a imagem de uma matéria clara e envolvente, uma imagem que abrange e une ao mesmo tempo o ar e a água, o céu e a terra, uma imagem cósmica, ampla, imensa, doce. Se a vivermos realmente, reconheceremos que não é o mundo que está mergulhado na claridade leitosa da lua — é o espectador que está mergulhado numa felicidade tão física e tão segura que o leva a lembrar-se do mais antigo bem-estar, do mais suave dos alimentos. Por isso o leite do rio nunca há de ser gelado. Nunca um poeta nos dirá que a lua de inverno derrama uma luz leitosa sobre as águas. A tepidez do ar, a doçura da luz, a paz da alma são indispensáveis à imagem. Eis os componentes materiais da imagem. Eis os componentes fortes e primitivos. *A brancura só virá depois*. Ela será deduzida. Apresentar-se-á como um adjetivo conduzido pelo substantivo, depois do substantivo. No reino dos sonhos, a ordem das palavras que quer que uma cor seja branca como o leite é enganadora. O sonhador toma primeiro o leite, seu olho sonolento vê depois, às vezes, a sua brancura.

E não seremos exigentes com relação à brancura no reino da imaginação. Se um raio dourado da lua incidir sobre o rio, a imaginação formal e superficial das cores não ficará perturbada com isso. A imaginação da superfície verá branco o que é amarelo, porque a imagem material do leite é bastante intensa para continuar no fundo do coração humano sua lenta progressão, para acabar de *realizar* a paz do sonhador, para dar uma matéria, uma substância a uma impressão ditosa. O leite é o primeiro dos calmantes. Portanto a paz do homem impregna de leite as águas contempladas. Em *Éloges*, St. J. Perse escreve:

> ... *Ora, essas águas calmas são de leite*
> *e tudo o que se derrama sobre as solidões macias da manhã.*

Uma torrente escumosa, por mais branca que seja, nunca terá semelhante privilégio. A cor não é, portanto, realmente nada quando a imaginação material sonha com seus elementos primitivos.

O *imaginário* não encontra suas raízes profundas e nutritivas nas *imagens*; a princípio ele tem necessidade de uma *presença* mais próxima, mais envolvente, mais material. A realidade imaginária é evocada antes de ser descrita. A poesia é sempre um vocativo. É, como diria Martin Buber, da ordem do *Tu* antes de ser da ordem do *Isto*. Assim a *Lua*, no reino poético, é matéria antes de ser forma, é um fluido que penetra o sonhador. O homem, em seu estado de poesia natural e primordial, "não pensa na lua que vê todas as noites, até a noite em que, no sono ou na vigília, ela vem ao seu encontro, avizinha-se dele, enfeitiça-o com seus gestos ou lhe dá prazer ou dor com suas carícias. O que ele conserva não é a imagem de um disco luminoso ambulante, nem a de um ser demoníaco que se ligaria a esse disco de alguma forma, mas antes de tudo a imagem motriz, a *imagem emotiva* do fluido lunar que atravessa o corpo..."[4]

Como dizer melhor que a lua é "uma influência" no sentido astrológico do termo, uma matéria cósmica que em certas horas impregna o universo e lhe dá uma material unidade?

O caráter cósmico das lembranças orgânicas não deve, aliás, surpreender-nos desde que compreendamos que a imaginação material é uma imaginação primordial. Ela imagina a criação e a vida das coisas com as luzes vitais, com as certezas da sensação imediata, isto é, escutando as grandes lições cenestésicas dos nossos órgãos. Já fomos surpreendidos pelo cunho espantosamente dire-

---
4. Martin Buber, *Je et tu*, p. 40.

to da imaginação de Edgar Poe. Sua *geografia*, ou seja, seu método de sonhar a terra, é marcada com o mesmo cunho. Assim, é devolvendo sua função certa à imaginação material que se compreenderá o sentido profundo da exploração de Gordon Pym nos mares polares, mares que Edgar Poe — será preciso dizê-lo? — nunca visitou. Edgar Poe descreve nestes termos o mar singular: "O calor da água era então verdadeiramente notável, e sua cor, sofrendo rápida alteração, perdeu logo a transparência e adquiriu um matiz opaco e leitoso." Notemos, de passagem, que a água torna-se leitosa, segundo a observação feita mais acima, perdendo a transparência. "Perto de nós", continua Edgar Poe, "o mar habitualmente era uniforme, nunca bastante agitado para pôr em perigo a canoa — mas freqüentemente ficávamos surpresos ao perceber, à direita e à esquerda, em diferentes pontos, súbitas e vastas agitações..." (p. 270) Três dias depois, o explorador do Pólo Sul escreve ainda: "O calor da água era excessivo (trata-se, porém, de uma água polar), e seu matiz leitoso mais evidente que nunca." (p. 271) Como se vê, já não se trata do mar tomado em seu conjunto, num aspecto geral, mas da água tomada em sua matéria, em sua substância que é simultaneamente quente e branca. É branca porque tépida. Observou-se seu calor antes de sua brancura.

Obviamente, não é um espetáculo, mas uma lembrança que inspira o contista; uma lembrança feliz, a mais tranqüila e aprazível das lembranças, a lembrança do leite nutritivo, a lembrança do colo materno. Tudo o prova na página que termina lembrando mesmo o doce abandono da criança saciada, da criança que adormece ao seio que a amamentou. "O inverno polar se aproximava evidentemente — mas aproximava-se sem seu cortejo de terrores. Eu sentia um entorpecimento do corpo e do espírito — uma espantosa propensão para o devaneio..." O realismo duro do inverno polar está vencido. O leite imaginário cumpriu sua função. Entorpeceu a alma e o corpo. O explorador é doravante um sonhador que se recorda.

Imagens diretas, não raro de grande beleza — de uma beleza interna, uma beleza material —, não têm outras origens. Por exemplo, para Paul Claudel, que é o rio? "É a liquefação da substância da terra, é a erupção da água líquida enraizada no mais secreto de suas dobras, do leite sob a tração do Oceano que mama."[5] Também aqui, o que comanda? A forma ou a matéria? O desenho geográfico do rio com o mamilo de seu delta ou o próprio líquido, o líquido da psicanálise orgânica, o leite? E por meio de que mediador o leitor *participará* da imagem do poeta, a não ser por uma interpretação essencialmente substancialista, dinamizando humanamente a embocadura do rio abraçado ao Oceano que mama?

Uma vez mais, vemos que todos os grandes valores substanciais, todos os movimentos humanos valorizados ascendem sem dificuldade ao nível cósmico. Da imaginação do leite à imaginação do Oceano existem mil passagens, por que o leite é um valor de imaginação que encontra em qualquer ocasião um impulso. É ainda Claudel quem escreve: "E o leite que Isaías diz estar em nós *como a inundação do mar*."[6] O leite não nos deixou repletos, submersos numa felicidade sem limite? Encontraríamos viva no espetáculo de uma grande chuva de verão, quente e fecundante, a imagem de um dilúvio de leite.

A mesma imagem material, bem ancorada no coração dos homens, variará infinitamente suas formas derivadas. Mistral canta em *Mireille* (Canto quarto):

> *Vengue lou tèms que la marino*
> *Abauco sa fièro peitrino*
> *Et respiro plan plan de touti si mamère...*

"Vem o tempo em que o mar — abranda seu peito altivo — e respira lentamente com todas as suas mamas..." Tal será o espetáculo de uma água marinha leitosa que docemente se abranda: será a mãe de seio inumerável, de coração inumerável.

É por ser um leite, para o inconsciente, que a água é tantas vezes tomada, no decorrer da história do pensamento científico, por um princípio eminentemente *nutritivo*. Não esqueçamos que, para a mente pré-científica, a nutrição é uma função *explicativa*

---

5. Paul Claudel, *Connaissance de l'est*, p. 251.
6. Paul Claudel, *L'épée et le miroir*, p. 37.

e não uma função a explicar. Da mente pré-científica à mente científica se opera uma inversão na explicação do biológico e do químico. Tentar-se-á, na mente científica, exprimir o biológico pelo químico. O pensamento pré-científico, mais próximo do pensamento inconsciente, explicava o químico pelo biológico. Assim, "a digestão" das substâncias químicas num "digestor" era, para um alquimista, operação de insigne clareza. A química, acompanhada assim pelas intuições biológicas simples, é de certa forma duplamente natural. Eleva-se sem dificuldade do microcosmo ao macrocosmo, do homem ao universo. A água que dessedenta o homem sacia a sede da terra. A mente pré-científica pensa concretamente imagens que tomamos por simples metáforas. Pensa realmente que a terra *bebe* a água. Para Fabricius, em pleno século XVIII, a água é vista como servindo "para nutrir a terra e o ar". Passa pois à categoria de elemento nutritivo. É o maior dos valores materiais elementares.

IV

Uma psicanálise completa da bebida deveria apresentar a dialética do álcool e do leite, do fogo e da água. Dioniso contra Cibele. Poderíamos então compreender que certos ecletismos da vida consciente, da vida policiada, se tornem impossíveis desde o momento em que revivemos as valorizações do inconsciente, desde o momento em que nos referimos aos valores primordiais da imaginação material. Por exemplo, em *Henri d'Ofterdingen*, Novalis nos diz (p. 16) que o pai de Henrique vai pedir numa habitação "um copo de vinho ou de leite". Como se, numa narrativa que envolve tantos mitos, um inconsciente dinamizado pudesse hesitar! Que moleza hermafrodita! Só na vida, com a polidez que oculta as exigências básicas, pode-se pedir "um copo de vinho *ou* um copo de leite". Mas no sonho, nos verdadeiros mitos, pede-se sempre o que se quer. Sabe-se sempre o que se quer beber. Bebe-se sempre a mesma coisa. O que se bebe no sonho é uma marca infalível para designar o sonhador.

Uma psicanálise da imaginação material mais profunda que o presente estudo deveria empreender uma psicologia das bebidas e dos filtros. Há quase cinqüenta anos, Maurice Kufferath já dizia: "*O beber amoroso* (o *Liebestrank*) é, na realidade, a própria imagem do grande mistério da vida, a representação plástica do amor, de sua inapreensível eclosão, de seu poderoso devir, de sua passagem do sonho à plena consciência pela qual, enfim, nos aparece sua essência trágica." [7] E, contra os críticos literários que censuravam em Wagner a intervenção dessa "medicina", Kufferath objetava justamente: "O poder mágico do filtro não desempenha nenhum papel *físico*, seu papel é puramente *psicológico*." (p. 148) Essa palavra, *psicológico*, é todavia uma palavra por demais global. No tempo em que Kufferath escrevia, a psicologia não dispunha dos múltiplos meios de estudo que possui hoje. A zona do olvido é muito mais diferenciada do que se imaginava há cinqüenta anos. A imaginação dos filtros é pois capaz de grande variedade. Não podemos pensar em desenvolvê-la incidentemente. Nossa tarefa, neste livro, é insistir nas matérias fundamentais. Insistamos, pois, apenas na bebida fundamental.

A intuição da bebida fundamental, da água nutritiva como um leite, da água encarada como o elemento nutritivo, como o elemento que digerimos com evidência, é tão poderosa que talvez seja com a água assim *maternizada* que se compreende melhor a noção fundamental de elemento. O elemento líquido aparece então como um ultraleite, o leite da mãe das mães. Paul Claudel, em *Les cinq grandes odes* (p. 48), brutaliza de certo modo as metáforas para ir, de maneira fogosa, imediata, à essência.

> *Vossas fontes não são fontes. O próprio elemento!*
> *A matéria-prima! É a mãe, digo eu, que me é necessária!*

Que importa o papel das águas no Universo, diz o poeta ébrio de essência primordial, que importam as transformações e a distribuição das águas:

> *Não quero vossas águas arranjadas, colhidas pelo sol, passadas no filtro e no alambique, distribuídas pela energia dos montes, corruptíveis, correntes.*

Claudel vai tomar o elemento líquido, que não escoará mais, levando a dialética do ser à própria substância. Quer ele apreen-

---

7. Maurice Kufferath, *Tristan et Iseult*, p. 149.

der o elemento enfim possuído, afagado, conservado, integrado em nós mesmos. Ao heraclitismo das formas visuais sucede o forte realismo de um fluido essencial, de uma maciez plena, de um calor igual a nós mesmos e que não obstante nos aquece, de um fluido que se irradia, mas que deixa ainda assim a alegria de uma posse total. Em suma, a água real, o leite materno, a mãe inamovível, a Mãe.

V

Essa valorização substancial que faz da água um leite inesgotável, o leite da natureza Mãe, não é a única valorização que marca a água com um cunho profundamente feminino. Na vida de todo homem, ou pelo menos na vida sonhada de todo homem, aparece a segunda mulher: a amante, ou a esposa. A segunda mulher vai também ser projetada sobre a natureza. Ao lado da mãe-paisagem tomará lugar a mulher-paisagem. Sem dúvida as duas naturezas projetadas poderão interferir ou superpor-se. Mas há casos em que se poderá distingui-las. Vamos citar um caso em que a projeção da mulher-natureza é muito clara. Efetivamente, um sonho de Novalis vai trazer-nos novas razões para afirmar o substancialismo feminino da água.

Depois de ter molhado as mãos e umedecido os lábios numa lagoa encontrada em seu sonho, Novalis é acometido por um "desejo invencível de banhar-se". Nenhuma *visão* o convida a isso. É a própria *substância* que ele tocou com as mãos e os lábios que o chama. Chama-o *materialmente*, em virtude, parece, de uma participação mágica.

O sonhador despe-se e entra na lagoa. Só então as imagens vêm, saem da matéria, nascem, como de um germe, de uma realidade sensual primitiva, de uma embriaguez que não sabe ainda projetar-se: "De todas as partes surgiam imagens desconhecidas que se fundiam igualmente uma na outra, para tornar-se seres visíveis e envolver [o sonhador] de forma que cada onda do delicioso elemento se lhe colava estreitamente, como um doce peito. Parecia que nessa água se tivesse dissolvido um grupo de donzelas encantadoras que, por um instante, se convertessem novamente em corpos ao contato com o jovem." [8]

---

8. Novalis, *Henri d'Ofterdingem*, p. 9.

Página maravilhosa, de imaginação profundamente materializada, onde a água — em seu volume, em sua massa, e não mais na simples magia de seus reflexos — aparece como *a donzela dissolvida*, como uma *essência líquida de donzela*, "*eine Auflösung reizender Mädchen*".

As formas femininas nascerão da própria substância da água, em contato com o peito do homem, quando, parece, o desejo do homem se definirá. Mas a *substância voluptuosa* existe antes das formas da volúpia.

Desconheceríamos uma das características singulares da imaginação de Novalis se lhe atribuíssemos com demasiada rapidez um *complexo do Cisne*. Para tanto seria necessário ter a prova de que as imagens primitivas são as imagens visíveis. Ora, não parece que as visões sejam ativas. As encantadoras donzelas não tardam a redissolver-se no elemento e o sonhador "ébrio de encantamento" continua sua viagem sem viver nenhuma aventura com as efêmeras donzelas.

Os seres do sonho, em Novalis, não existem, portanto, senão quando os tocamos; a água só se torna mulher contra o peito, não proporciona imagens distantes. Esse curioso caráter físico de certos devaneios novalisianos parece-nos merecer um nome. Em vez de dizer que Novalis é um *Vidente* que vê o invisível, diríamos antes que ele é um *Tocante* que toca o intocável, o impalpável, o irreal. Vai mais fundo que todos os sonhadores. Seu sonho é um sonho num sonho, não no sentido etéreo, mas no sentido da profundidade. Ele adormece em seu próprio sono, vive um sono dentro do sono. Quem já não desejou, se não viveu, esse segundo sono, numa cripta mais oculta? Então os seres do sonho aproximam-se mais de nós, vêm tocar-nos, vêm viver em nossa carne, como um fogo abafado.

Como indicávamos já em nossa *Psicanálise do fogo*, a imaginação de Novalis é comandada por um *calorismo*, isto é, pelo desejo de uma substância quente, suave, tépida, envolvente, protetora, pela necessidade de uma matéria que cerca o ser inteiro e que o penetra intimamente. É uma imaginação que se desenvolve em profundidade. Os fantasmas emergem da substância como formas vaporosas mas cheias, como seres efêmeros, mas que se pôde tocar, aos quais se comunicou um pouco do calor profundo da vida íntima. Todos os sonhos de Novalis trazem o signo dessa profundidade. O sonho em que Novalis depara com essa água maravilhosa, essa água que põe moça em toda parte, essa água que dá moça (*qui met de la jeune fille partout, cette eau qui donne de la jeune fille*) no *partitivo* não é um sonho de grande horizonte, de ampla visão. É no fundo de uma caverna, no seio da terra, que se encontra o lago maravilhoso, o lago que guarda ciosamente seu calor, seu doce calor. As imagens visuais que nascerão de uma água tão profundamente valorizada não terão, aliás, a menor consistência; elas se fundirão uma na outra, guardando nisso a marca hídrica e calorífica de sua origem. Só a matéria permanecerá. Para semelhante imaginação, tudo se perde no reino da imagem formal, nada se perde no reino da imagem material. Os fantasmas nascidos realmente da substância não têm necessidade de levar muito longe sua ação. Debalde a água se cola ao sonhador "como um doce peito". O sonhador não pedirá mais... Isso porque goza da posse substancial. Como não experimentaria ele um certo desdém pelas formas? As formas são, já, roupas; a nudez desenhada com excessiva precisão é glacial, fechada, encerrada em suas linhas. Por conseguinte, para o sonhador calorizado, a imaginação é puramente uma *imaginação material*. É com a matéria que ele sonha, é de seu calor que ele tem necessidade. Que importam as visões fugidias, quando, no segredo da noite, na solidão de uma caverna tenebrosa, temos o real em sua essência, com seu peso, com sua vida substancial!

Essas imagens materiais, suaves e cálidas, tépidas e úmidas, nos curam. Pertencem a essa medicina imaginária, medicina tão verdadeira oniricamente, tão fortemente sonhada que conserva uma considerável influência sobre a nossa vida inconsciente. Durante séculos viu-se na saúde um equilíbrio entre o "úmido radical" e o "calor natural". Um velho autor, Lessius (falecido em 1623), exprime-se assim: "Esses dois princípios da vida se consomem a pouco e pouco. À medida que diminui esse úmido radical, o calor diminui também e, tão logo um é consumido, o outro se extingue qual uma lâmpada." A água e o calor são os nossos dois bens vitais. É preciso saber economizá-los. É preciso compreender que um tempera o outro. Parece que os sonhos de Novalis e todos os seus devaneios buscaram infinitamente a união de um úmido radical e de um calor difuso. Pode-se explicar assim o belo equilíbrio onírico da obra novalisiana. Novalis conheceu um sonho que passava bem, um sonho que dormia bem.

Os sonhos de Novalis alcançam tamanha profundidade que podem parecer excepcionais. Todavia, procurando um pouco, procurando *sob as imagens formais*, poderíamos encontrar o seu esboço em determinadas metáforas. Por exemplo, numa linha de Ernest Renan vamos reconhecer o traço da fantasia novalisiana. Com efeito, em seus *Études d'histoire religieuse* (p. 32), Renan comenta o epíteto dado ao rio καλλιπάρθενος (das belas virgens) dizendo tranqüilamente que suas águas "se dissolviam em donzelas". Por mais que viremos e reviremos a imagem por todos os lados, não lhe encontraremos qualquer *traço formal*. Nenhum desenho pode legitimá-la. Pode-se desafiar um psicólogo da imaginação das formas: ele não conseguirá explicar essa imagem. Só se pode explicá-la pela imaginação material. As águas recebem a brancura e a limpidez de uma matéria interna. Essa matéria é *donzela dissolvida*. A água tomou a propriedade da substância feminina dissolvida. Se quereis uma água imaculada, fazei fundirem-se virgens nela. Se quereis os mares da Melanésia, dissolvei neles mulheres negras.

Encontraríamos em certos ritos de imersão das virgens o traço desse componente material. Saintyves lembra (op. cit., p. 205) que em Magny-Lambert, na Costa do Ouro, "nos tempos de seca prolongada, nove raparigas entravam no tanque da fonte Cruanne e o esvaziavam completamente para obter a chuva"; e Saintyves acrescenta: "O rito de imersão acompanha-se aqui de uma purificação do tanque da fonte por seres puros... Essas jovens que descem à fonte são virgens..." Elas forçam a água à pureza, por uma "coação real", por uma participação material.

No *Ahasvérus*, de Edgar Quinet (p. 228), pode-se encontrar também uma impressão que se avizinha de uma imagem visual, mas cuja *matéria* se aproxima da matéria novalisiana. "Quantas vezes, nadando num golfo afastado, apertei com paixão a vaga contra o meu peito! Em meu pescoço a onda pendia desgrenhada, a escuma beijava meus lábios. Em torno de mim esguichavam fagulhas olorosas." Como se vê, a "forma feminina" ainda não nasceu, mas vai nascer, pois a "matéria feminina" está ali por inteiro. Uma vaga que se "aperta" com um amor tão cálido contra o peito não está longe de ser um seio palpitante.

Se nem sempre somos sensíveis à vida de tais imagens, se não as percebemos *diretamente* em seu aspecto nitidamente material, é precisamente porque a imaginação material não recebeu dos psicólogos a atenção que merece. Toda a nossa educação literária limita-se a cultivar a imaginação formal, a imaginação clara. Por outro lado, como os sonhos são quase sempre estudados unicamente no desenvolvimento de suas formas, não percebemos que eles são sobretudo *uma vida imitada da matéria*, uma vida fortemente enraizada nos elementos materiais. Em particular, com a sucessão das formas, nada temos do que é preciso para medir a *dinâmica* da transformação. Pode-se quando muito descrever essa transformação, do exterior, como pura cinética. Essa cinética não pode apreciar, do interior, as forças, os ímpetos, as aspirações. Não podemos compreender a dinâmica do sonho se não a destacarmos da dinâmica dos elementos materiais que o sonho trabalha. Tomamos a mobilidade das formas do sonho numa perspectiva errônea quando esquecemos seu dinamismo interno. No fundo, as formas são móveis porque o inconsciente se desinteressa delas. O que *liga* o inconsciente, o que lhe impõe uma lei dinâmica, no reino das imagens, é a vida na profundidade de um elemento material. O sonho de Novalis é um sonho formado na meditação de uma água que envolve e penetra o sonhador, de uma água que traz um bem-estar cálido e maciço, um bem-estar ao mesmo tempo em volume e em densidade. É um encantamento não pelas imagens, mas pelas substâncias. Eis por que se pode usar do sonho novalisiano como de um maravilhoso narcótico. Ele é quase uma substância psíquica que dá tranquilidade a qualquer psiquismo agitado. Se quisermos meditar a página de Novalis que lembramos aqui, reconheceremos que ela traz uma nova luz para a compreensão de um ponto importante da psicologia do sonho.

VI

No sonho de Novalis, há também uma característica que é apenas ligeiramente indicada; mas ainda assim essa característica é ativa e devemos dar-lhe todo o seu sentido para termos uma psicologia completa do *sonho hidrante*. De fato, o sonho de Novalis pertence à numerosa categoria dos *sonhos embalados*. Quando entra na água maravilhosa, a primeira impressão do sonhador é a de "repousar entre as nuvens, na púrpura da noite". Um pouco mais tarde, acreditará estar "estendido sobre uma relva macia". Qual é, pois, a verdadeira matéria que conduz o sonhador? Não é nem a nuvem nem o macio relvado, é a água. Nuvem e relvado são expressões; a água é a impressão. No sonho de Novalis, ela está no centro da experiência; continua a embalar o sonhador quando ele descansa na margem. Eis um exemplo da ação permanente de um elemento material onírico.

Dos quatro elementos, somente a água pode embalar. É ela o *elemento embalador*. Este é mais um traço de seu caráter feminino: ela embala como uma mãe. O inconsciente não formula o seu princípio de Arquimedes, mas o vive. Em seus sonhos, o banhista que nada procura, que não acorda gritando Eureca, como um psicanalista espantado com os menores achados, o banhista, que reencontra à noite "seu ambiente", ama e conhece a leveza conquistada nas águas; goza dela diretamente como de um conhecimento sonhador, um conhecimento, como veremos daqui a pouco, que abre um infinito.

A barca ociosa oferece as mesmas delícias, suscita os mesmos devaneios. Ela proporciona, diz Lamartine [9] sem a menor hesitação, "uma das mais misteriosas volúpias da natureza". Inumeráveis referências literárias provariam facilmente que a barca encantatória, que a barca romântica é, sob certos aspectos, um berço reconquistado. Longas horas despreocupadas e tranqüilas, longas horas em que, deitados no fundo da barca solitária, contemplamos o céu, a que lembrança nos entregais? Todas as imagens estão ausentes, o céu está vazio, mas o movimento está ali, vivo, sem embate, ritmado — é o movimento quase imóvel, silencioso. A água leva-nos. A água embala-nos. A água adormece-nos. A água devolve-nos a nossa mãe.

A *imaginação material*, sobre um tema tão geral, tão pouco formalmente circunstanciado como o sonho embalado, imprime aliás sua marca específica. Para um sonhador, ser embalado sobre as ondas é ensejo para um devaneio específico, um devaneio que se aprofunda tornando-se monótono. Michelet observa-o indiretamente: "Não mais lugar nem tempo; nenhum ponto marcado a que a atenção possa se prender; e já não existe atenção. Pro-

---

9. Lamartine, *Confidences*, p. 51.

fundo é o devaneio, e cada vez mais profundo... um oceano de sonhos sobre o mole oceano das águas."[10] Michelet, por essa imagem, quer descrever a exaltação de um hábito que relaxa a atenção. Pode-se inverter a perspectiva metafórica, pois de fato a vida embalada sobre a água relaxa a atenção. Compreenderemos então que o devaneio na barca não é o mesmo que o devaneio numa cadeira de balanço. Esse devaneio na barca determina um hábito sonhador especial, um devaneio que é realmente um hábito. Por exemplo, tiraríamos um importante componente da poesia de Lamartine se lhe subtraíssemos o hábito de sonhar sobre as ondas. Esse devaneio tem às vezes uma intimidade de estranha profundidade. Balzac não vacila em dizer: "O voluptuoso balanço de uma barca imita vagamente os pensamentos que flutuam numa alma."[11] Bela imagem do pensamento relaxado e feliz!

Assim como todos os sonhos e todos os devaneios ligados a um elemento material, a uma força natural, os devaneios e os sonhos *embalados* proliferam. Depois deles virão outros sonhos que continuarão essa impressão de prodigiosa doçura. Darão à felicidade o gosto do infinito. É ao pé da água, é sobre a água que se aprende a vogar sobre as nuvens, a nadar no céu. Balzac escreve ainda, na mesma página: "O rio foi como uma senda sobre a qual voássemos." A água convida-nos à viagem imaginária. Lamartine exprime também essa continuidade material da água e do céu, quando, "os olhos errando pela imensidão luminosa das águas que se confundia com a luminosa imensidão do céu", ele já não sabe onde começa o céu e onde acaba o lago: "Parecia-me nadar eu mesmo no puro éter e abismar-me no universal oceano. Mas a alegria interior na qual eu nadava era mil vezes mais infinita, mais luminosa e mais incomensurável que a atmosfera com a qual eu assim me confundia."[12]

Cumpre nada esquecer para dar a medida psicológica de semelhantes textos. O homem é *transportado* porque é *levado*. O homem se lança para o céu porque é realmente *aliviado* por seu devaneio bem-aventurado. Quando se recebeu o benefício de uma

---

10. Michelet, *Le prêtre*, p. 222.
11. Balzac, *Le lys dans la vallée*, ed. Calmann-Lévy, p. 221.
12. Lamartine, *Raphaël*, XV.

imagem material fortemente dinamizada, quando se imagina com a substância e a vida do ser, todas as imagens ganham vida. Novalis passa assim do *sonho embalado* ao *sonho levado*. Para Novalis, a própria Noite é uma matéria que nos leva, um oceano que embala a nossa vida: "A Noite leva-te maternalmente." [13]

---

13. Novalis, *Les hymnes à la nuit*, Ed. Stock, p. 81.

CAPÍTULO VI

PUREZA E PURIFICAÇÃO.
A MORAL DA ÁGUA

> Tudo o que o coração deseja pode
> sempre reduzir-se à figura da água.
>
> PAUL CLAUDEL, *Positions et propositions*, II, p. 235

I

Não é nossa intenção, naturalmente, examinar em toda a sua amplitude o problema da pureza e da purificação. Trata-se de um problema que pertence atualmente à filosofia dos valores religiosos. A pureza é uma das categorias fundamentais da valorização. Poderíamos mesmo, talvez, simbolizar todos os valores pela pureza. Encontraremos um resumo bastante condensado desse grande problema no livro de Roger Caillois *L'homme et le sacré*. Nosso desígnio aqui é mais restrito. Afastando-nos de tudo o que diz respeito à pureza ritual, sem nos estendermos sobre os ritos formais da pureza, queremos mais especialmente mostrar que a *imaginação material* encontra na água a matéria pura por excelência, a matéria naturalmente pura. A água se oferece pois como um símbolo natural para a pureza; ela dá sentidos precisos a uma psicologia prolixa da purificação. É essa psicologia ligada a modelos materiais que gostaríamos de esboçar.

Sem dúvida os temas sociais, como o mostraram abundantemente os sociólogos, estão na origem das grandes categorias da valorização — noutras palavras, a verdadeira valorização é de essência social; é feita de valores que se pretende intercambiar, que têm uma marca conhecida e designada a todos os membros do grupo. Mas acreditamos ser necessário considerar também uma valorização dos devaneios inconfessados, dos devaneios do sonhador que foge da sociedade, que pretende tomar o mundo como único companheiro. Por certo, essa solidão não é completa. O sonhador isolado guarda em particular valores oníricos ligados à linguagem; guarda a poesia própria da linguagem de sua raça. As palavras que ele aplica às coisas poetizam as coisas, valorizam-nas espiritualmente num sentido que não pode fugir completamente das tradições. O poeta mais inovador que explora o devaneio mais livre dos hábitos sociais transporta para seus poemas germes que vêm do fundo social da língua. Mas as formas e as palavras não são toda a poesia. Para encadeá-las, determinados temas materiais são imperiosos. Nossa tarefa neste livro é exatamente provar que certas matérias transportam em nós seu poder onírico, uma espécie de solidez poética que dá unidade aos verdadeiros poemas. Se as coisas colocam em ordem nossas idéias, as matérias elementares colocam em ordem nossos sonhos. As matérias elementares recebem e conservam e exaltam os nossos sonhos. Não se pode depositar o *ideal de pureza* em qualquer lugar, em qualquer matéria. Por mais poderosos que sejam os ritos de purificação, é normal que eles se dirijam a uma matéria capaz de simbolizá-los. A água clara é uma tentação constante para o simbolismo fácil da pureza. Cada homem encontra sem guia, sem convenção social, essa imagem natural. Uma física da imaginação deve pois levar em conta essa descoberta natural e direta. Deve examinar com atenção essa atribuição de um *valor* a uma experiência material que se revela assim mais importante que uma experiência comum.

No problema preciso e restrito que examinamos nesta obra, há portanto para nós um dever de método que nos obriga a deixar de lado as características sociológicas da idéia de pureza. Seremos pois muito prudentes, ainda aqui, sobretudo aqui, na utilização dos dados da mitologia. Utilizaremos esses dados apenas quando os sentirmos ainda fortemente operantes na obra dos poetas ou no devaneio solitário. Assim, reconduziremos tudo à psicologia atual. Enquanto as formas e os conceitos se esclerosam tão depressa, a imaginação material permanece como uma força atualmente atuante. Só ela pode revitalizar incessantemente as imagens tradicionais; é ela que constantemente reaviva certas velhas formas mitológicas. Reaviva as formas transformando-as. Uma forma não pode transformar-se por si mesma. É contrário ao seu ser que uma forma se transforme. Quando se encontra uma transformação, pode-se estar certo de que uma imaginação material está em ação sob o jogo das formas. A cultura transmite-nos formas — com demasiada freqüência, palavras. Se soubéssemos reencontrar, apesar da cultura, um pouco de devaneio natural, um pouco do devaneio diante da natureza, compreenderíamos que o simbolismo é um poder material. Nosso devaneio pessoal restabeleceria com toda a naturalidade os símbolos atávicos, porque os símbolos atávicos são símbolos naturais. Uma vez mais, é preciso compreender que o sonho é uma força da natureza. Como teremos ocasião de repeti-lo, não se pode conhecer a pureza sem sonhá-la. Não se pode sonhá-la com força sem ver-lhe a marca, a prova, a substância na natureza.

II

Se somos muito parcimoniosos no uso dos documentos mitológicos, devemos recusar qualquer referência aos conhecimentos racionais. Não se pode fazer a psicologia da imaginação baseando-se, como numa necessidade primordial, nos princípios da razão. Essa verdade psicológica, por vezes oculta, vai aparecer-nos com toda a evidência no problema de que tratamos neste capítulo.

Para uma mente moderna, a diferença entre uma água pura e uma água impura é inteiramente racionalizada. Os químicos e os higienistas passaram por aí: um letreiro em cima de uma torneira designa uma água potável. E tudo está dito, todos os escrúpulos terminaram. Uma mente racionalista — de magros conhecimentos psicológicos, como tantos fabricados pela cultura clássica —, meditando sobre um texto antigo, transporta então, como uma luz recorrente, seu conhecimento preciso sobre os dados do texto. Sem dúvida ele se dá conta de que os conhecimentos sobre a pureza das águas eram outrora deficientes. Mas acredita que esses conhecimentos correspondem ainda assim a experiências bem especificadas, bem claras. Nessas condições, as leituras de textos antigos são por vezes *lições demasiado inteligentes*. O leitor moderno, com muita freqüência, atribui aos antigos "conhecimentos naturais". Esquece que os conhecimentos que se supõem "imediatos" estão envolvidos num sistema que pode ser muito artificial; esquece também que os "conhecimentos naturais" estão implicados em devaneios "naturais". São esses devaneios que um psicólogo da imaginação deve reencontrar. São esses *devaneios* que deveríamos sobretudo reconstituir quando interpretamos um texto de uma civilização desaparecida. Seria preciso não apenas pesar os fatos como também determinar o peso dos sonhos. Pois, na ordem literária, tudo é sonhado antes de ser visto, ainda que seja a mais simples das descrições.

Leiamos, por exemplo, este antigo texto escrito oitocentos anos antes da nossa era por Hesíodo: "Cuidado! Nunca urine na embocadura dos rios que correm para o mar, nem em sua fonte."[1] E Hesíodo acrescenta mesmo: "Tampouco satisfaça aí as outras necessidades: isso não é menos funesto." Para explicar tais prescrições, os psicólogos que sustentam o caráter imediato das perspectivas utilitárias encontrarão imediatamente suas razões: imaginarão um Hesíodo preocupado com ensinamentos da higiene elementar. Como se houvesse, para o homem, uma *higiene natural*! Haverá mesmo uma higiene absoluta? Há tantas maneiras de sentir-se bem!

Na verdade, só as explicações psicanalíticas podem ver claro nas proibições pronunciadas por Hesíodo. A prova disso não está longe. O texto que acabamos de citar encontra-se na mesma página que esta outra proibição: "Não urine em pé virado para o sol." Essa prescrição, evidentemente, não tem qualquer significação utilitária. A prática que ela proíbe não ameaça empanar a pureza da luz.

Portanto, a explicação que vale para uma alínea vale para a outra. O protesto viril contra o sol, contra o símbolo do pai, é bem conhecido dos psicanalistas. A proibição que põe o sol ao abrigo do ultraje protege também o rio. Uma mesma regra de moral primitiva defende aqui a majestade paternal do sol e a maternidade das águas.

Esta proibição se torna necessária — e permanece atualmente necessária — em razão de um impulso inconsciente permanente. A água pura e clara é, com efeito, para o inconsciente, um apelo

---

1. Hesíodo, *Les travaux et les jours*, p. 127.

às poluições. Quantas fontes sujas nos campos! Nem sempre se trata de uma maldade bem definida que se compraz antecipadamente na contrariedade dos passeantes. O "crime" visa mais alto que à falta contra os homens. Tem ele, em alguns de seus aspectos, o tom do sacrilégio. É um ultraje à natureza-mãe.

Assim, nas lendas, inúmeros são os castigos infligidos aos passantes grosseiros pelos poderes da natureza personificada. Eis, por exemplo, uma lenda da Baixa-Normandia relatada por Sébillot: "As fadas que acabam de surpreender um sujeito bronco que poluiu a sua fonte estão em conciliábulo: 'Àquele que turvou nossas águas, que desejais, minha irmã? — Que ele fique gago e não possa articular uma só palavra. — E vós, minha irmã? — Que ele ande sempre com a boca aberta e engula as moscas ao passar. — E vós, minha irmã? — Que ele não possa dar um passo sem, com o devido respeito, dar um tiro de canhão.' " [2]

Tais narrativas perderam sua ação sobre o inconsciente, sua força onírica. Já não são transmitidas senão com um sorriso, por seu pitoresco. Já não podem, portanto, defender as nossas fontes. Observemos, aliás, que as prescrições de higiene pública, desenvolvendo-se numa atmosfera de racionalidade, não podem substituir os contos. Para lutar contra um impulso inconsciente, seria preciso um conto *ativo*, uma *fábula* que fabularia na própria linha dos impulsos oníricos.

Esses impulsos oníricos nos trabalham, para o bem como para o mal; simpatizamos obscuramente com o drama da pureza e da impureza da água. Quem não sente, por exemplo, uma repugnância especial, irracional, inconsciente, direta pelo rio sujo? pelo rio enxovalhado pelos esgotos e pelas fábricas? Essa grande beleza natural poluída pelos homens provoca rancor. Huysmans jogou com essa repugnância, com esse rancor, para erguer o tom de certos períodos imprecatórios, para tornar demoníacos alguns de seus quadros. Por exemplo, ele mostrou a atitude desesperada do Bièvre moderno, do Bièvre poluído pela Cidade: "Esse rio em andrajos", "esse estranho rio, esse exutório de todas as escórias, essa sentina cor de ardósia e de chumbo fundido, borbulhando aqui e ali em remoinhos esverdeados, estrelado de catarros turvos, que gorgoleja sobre a comporta e se perde, soluçante,

---

2. Sébillot, *Le folk-lore de France*, t. II, p. 201.

nos buracos de um muro. Em alguns lugares a água parece paralisada e roída de lepra; ela estagna, depois remexe sua fuligem corredia e retoma seu caminho amortecida pelos lodos"³. "O Bièvre não passa de uma estrumeira móvel." Observe-se de passagem a aptidão que a água tem para receber metáforas orgânicas.

Muitas outras páginas poderiam dar assim a prova, pelo absurdo, do *valor inconsciente* ligado a uma água pura. Pelos perigos que corre uma água pura, uma água cristalina, pode-se medir o fervor com o qual acolhemos, em seu frescor e juventude, o riacho, a fonte, o rio, toda essa reserva da limpidez natural. Sentimos que as metáforas da limpidez e do frescor têm uma vida assegurada quando se ligam a realidades tão diretamente valorizadas.

III

Obviamente, a experiência natural e concreta da pureza encerra ainda fatores mais sensuais, mais próximos do sonho material que os dados da visão, que os dados de simples contemplação com os quais acaba de trabalhar a retórica de Huysmans. Para bem compreender o preço de uma água pura, é preciso ter-nos revoltado com toda a nossa sede enganada, após uma caminhada de verão, contra o vinhateiro que fez macerar sua vinha na fonte familiar, contra todos os profanadores — esses Átila das fontes — que acham uma alegria sádica em remexer a vasa do riacho depois de ter bebido nele. Melhor que qualquer outro, o homem do campo conhece o preço de uma água pura porque sabe que é uma pureza em perigo, porque sabe também beber a água clara e fresca no momento oportuno, nos raros instantes em que o insípido tem um sabor, em que o ser inteiro deseja a água pura.

Por oposição a esse prazer simples, mas total, pode-se fazer a psicologia das metáforas espantosamente diversas e múltiplas da água amarga e salgada, da água ruim. Essas metáforas unificam-se numa repugnância que esconde mil nuanças. Uma simples referência ao pensamento pré-científico vai fazer-nos com-

---

3. J. K. Huysmans, *Croquis parisiens. A vau l'eau. Un dilemme*, Paris, 1905, p. 85.

preender a *complexidade essencial* de uma impureza mal racionalizada. Notemos antes que não sucede o mesmo no plano científico atual: uma análise química atual designa uma água ruim, uma água não potável por um qualificativo preciso. Se a análise revela um defeito, pode-se dizer que a água é selenitosa, ou calcária, ou bacilar. Se os defeitos se acumulam, os epítetos se apresentam ainda como simplesmente *justapostos*; permanecem isolados; foram encontrados em experiências separadas. Ao contrário, a mente pré-científica — como o inconsciente — *aglomera* os adjetivos. Assim o autor de um livro do século XVIII, depois de examinar uma água ruim, *projeta* seu julgamento — seu aborrecimento — sobre seis epítetos: a água é chamada, ao mesmo tempo, de "amarga, nitrosa, salgada, sulfurosa, betuminosa, nauseabunda". Que são esses adjetivos senão injúrias? Correspondem antes a uma análise psicológica da repugnância que à análise objetiva de uma matéria. Representam a soma das caretas de um bebedor. Não representam — como os historiadores das ciências acreditam com demasiada facilidade — uma soma de conhecimentos empíricos. Só se compreenderá bem o sentido da pesquisa pré-científica quando se tiver feito a psicologia do pesquisador.

Como se vê, a impureza, aos olhos do inconsciente, é sempre múltipla, sempre abundante; tem uma nocividade polivalente. Por isso se compreenderá que a água impura possa ser acusada de todos os malefícios. Se para a mente consciente ela é aceita como mero símbolo do mal, como símbolo externo, para o inconsciente ela é o objeto de uma simbolização ativa, totalmente interna, totalmente substancial. A água impura, para o inconsciente, é um receptáculo do mal, um receptáculo aberto a todos os males; é uma substância do mal.

Por isso pode-se carregar a água suja com uma soma indefinida de malefícios. Pode-se *maleficiá-la*, isto é, por ela pode-se colocar o mal sob uma forma ativa. Nisso se obedece às necessidades da imaginação material, que tem necessidade de uma substância para compreender uma ação. Na água assim maleficiada, um signo basta: o que é mau sob um aspecto, numa de suas características, torna-se mau em seu conjunto. O mal passa da qualidade à substância.

Explica-se, pois, que a menor impureza desvalorize totalmente uma água pura. É ela o ensejo para um malefício; recebe naturalmente um pensamento malfazejo. Como se vê, o axioma moral da pureza absoluta, destruída para sempre por um pensamento malsão, é perfeitamente simbolizado por uma água que perdeu um pouco de sua limpidez e de seu frescor.

Examinando com um olhar atento, com um olhar hipnotizado, as impurezas da água, interrogando a água como se interroga uma consciência, pode-se esperar ler o destino de um homem. Alguns procedimentos da hidromancia referem-se a essas nuvens que flutuam numa água em que se derrama uma clara de ovo [4] ou substâncias líquidas que causam rastros arborescentes, aliás bastante curiosos.

Existem sonhadores de água turva. Eles se maravilham com a água negra da fossa, com a água trabalhada pelas bolhas, com a água que mostra veias em sua substância, que provoca, como por si mesma, um redemoinho de lodo. Parece então que é a água que sonha e se cobre de uma vegetação de pesadelo. Essa vegetação onírica já é provocada pelo devaneio na contemplação das plantas aquáticas. Para certas almas a flora das águas é um verdadeiro exotismo, uma tentação de sonhar um algures, longe das flores do sol, longe da vida límpida. Numerosos são os sonhos impuros que florescem na água, que se exibem pesadamente sobre a água, como a grossa mão espalmada do nenúfar. Numerosos são os sonhos impuros em que o homem adormecido sente circular em si mesmo, em torno de si mesmo, correntes negras e lodosas, Estiges de ondas pesadas, carregadas de mal. E nosso coração é agitado por essa dinâmica do negro. E nosso olhar adormecido segue indefinidamente, negro após negro, esse devir do negrume.

Aliás, o maniqueísmo da água pura e da água impura não é um maniqueísmo equilibrado. A balança moral pende incontestavelmente para o lado da pureza, para o lado do bem. A água tende ao bem. Sébillot, que examinou um enorme folclore das águas, espanta-se com o pequeno número de fontes malditas. "O diabo raramente está em relação com as fontes e muito poucas trazem o seu nome, ao passo que um grande número delas recebe a denominação de um santo e muitas a de uma fada." [5]

---

4. Cf. Collin de Plancy, *Dictionnaire infernal*, art. "Oomancie".
5. Sébillot, op. cit., t. II, p. 186.

IV

Não devemos igualmente precipitar-nos em dar aos numerosos temas da purificação pela água uma base racional. Purificar-se não é pura e simplesmente limpar-se. E nada autoriza a falar de uma necessidade de limpeza como de uma necessidade primitiva, que o homem reconheceria em sua sabedoria nativa. Sociólogos muito experientes incorrem nesse engano. Assim, Edward Tylor, depois de lembrar que os zulus fazem numerosas abluções para se purificar depois de ter assistido a funerais, acrescenta: "Deve-se observar que essas práticas acabaram assumindo um significado algo distinto daquele que comporta a simples limpeza." [6] Mas para afirmar que algumas práticas "acabaram assumindo um significado" diferente do sentido original, seria necessário fornecer documentos sobre esse sentido original. Ora, com muita freqüência, nada permite apreender na arqueologia dos costumes esse sentido original que põe em jogo uma prática útil, racional, sã. Precisamente, o próprio Tylor nos dá a prova de uma purificação pela água que não tem qualquer relação com uma preocupação de limpeza: "Os cafres, que se lavam para se purificar de uma sujeira convencional, nunca se lavam na vida comum." Poderíamos, portanto, enunciar este paradoxo: *O cafre só lava o corpo quando a alma está suja*. Acredita-se com demasiada facilidade que os povos meticulosos na purificação pela água estejam preocupados com uma limpeza higiênica. Tylor faz ainda esta observação: "O fiel persa leva tão longe o princípio (da purificação) que, para eliminar por abluções toda espécie de sujeiras, chega a lavar os olhos quando eles foram enodoados pela visão de um infiel; traz sempre consigo um pote cheio de água, munido de longo gargalo, para poder fazer suas abluções; entretanto, o país se despovoa por não observar as leis mais simples da higiene, e pode-se ver amiúde o fiel à borda de um pequeno tanque, onde grande número de pessoas mergulharam antes dele, obrigado a retirar com a mão a escuma que recobre a água, antes de mergulhar nela, para conseguir a pureza recomendada pela fé." (op. cit., p. 562) Desta vez a água pura é tão valorizada que nada, parece, pode pervertê-la. É uma substância do bem.

---

6. Edward B. Tylor, *La civilisation primitive*, II, pp. 556-7.

Também Rohde defende-se mal contra certas racionalizações. Lembrando ò princípio que recomenda usar para as purificações a água das fontes que jorram ou dos rios, ele acrescenta: "A força de arrastar e de levar o mal parecia persistir na água colhida nessa corrente. Em caso de sujeira particularmente grave, era necessário purificar-se em várias fontes vivas." [7] "Precisava-se mesmo de catorze fontes para se purificar do assassínio." (Suidas) Rohde não enfatiza com bastante clareza que a água corrente, que a água que jorra é primitivamente uma *água viva*. É essa vida — que permanece ligada à sua substância — que determina a purificação. O valor racional — o fato de a corrente levar as imundícies — seria vencido com demasiada facilidade para que se lhe conceda a menor valia. Ele resulta de uma racionalização. Na verdade, toda pureza é substancial. Toda purificação deve ser pensada como a ação de uma substância. A psicologia da purificação decorre de imaginação material, e não de uma experiência externa.

À água pura pedimos, pois, primitivamente, uma pureza ao mesmo tempo ativa e substancial. Pela purificação, participamos de uma força fecunda, renovadora, polivalente. A melhor prova desse poder íntimo é que ele pertence a cada gota do líquido. Inumeráveis são os textos em que a purificação aparece como simples aspersão. Fossey, em seu livro sobre a *Magie assyrienne* (pp. 70-3), insiste no fato de que, na purificação pela água, "nunca se trata de imersão, mas geralmente de aspersões, sejam elas simples ou repetidas sete vezes ou duas vezes sete" [8]. Na *Eneida*, "Corineu passa três vezes ao redor de seus companheiros um ramo de oliveira impregnado de água pura, espalha sobre eles um leve borrifo, purifica-os." (*Énéide*, VI, pp. 228-31)

Sob vários aspectos, parece que a *lavagem* constitui a metáfora, a tradução em linguagem clara, e que a aspersão é a operação real, isto é, a operação que proporciona a realidade da operação. A aspersão é pois sonhada como a operação primordial. É ela que traz o máximo de realidade psicológica. No salmo L, a idéia de aspersão parece preceder como uma realidade a metáfora da lavagem: "Vós me aspergireis com o hissopo, e eu serei

---

7. Rohde, *Psyché*, apêndice 4, p. 605.
8. Citado por Saintyves, op. cit., p. 53.

purificado." O hissopo dos hebreus era a menor flor que eles conheciam; era provavelmente, diz-nos Bescherelle, um musgo que servia de aspersório. Algumas gotas de água propiciarão, portanto, a pureza. O profeta canta em seguida: "Vós me lavareis, e eu me tornarei mais branco que a neve." É por ter a água um poder íntimo que ela pode purificar o ser íntimo, que pode devolver à alma pecadora a brancura da neve. Lava-se moralmente aquele que é aspergido fisicamente.

Não há aí, aliás, qualquer fato excepcional, mas um exemplo de uma lei fundamental da *imaginação material*: para a imaginação material, a substância valorizada pode agir, mesmo em quantidade ínfima, sobre uma grande massa de outras substâncias. É a própria lei do devaneio de poder: ter sob um pequeno volume, na cavidade da mão, o meio para uma dominação universal. É, de forma concreta, o mesmo ideal que o conhecimento da palavra-chave, da palavrinha que permite descobrir o mais recôndito dos segredos.

Sobre o tema dialético da pureza e da impureza da água, pode-se ver essa lei fundamental da imaginação material agir nos dois sentidos, o que constitui uma garantia do caráter eminentemente *ativo* da substância: uma gota de água pura basta para purificar um oceano; uma gota de água impura basta para macular um universo. Tudo depende do sentido moral da ação escolhida pela imaginação material: se ela sonha o mal, saberá propagar a impureza, saberá fazer eclodir o germe diabólico; se sonha o bem, terá confiança numa gota da substância pura, saberá fazer irradiar sua pureza benfazeja. A ação da substância é sonhada como um devir substancial desejado na intimidade da substância. É, no fundo, o devir de uma pessoa. Essa ação pode então contornar todas as circunstâncias, superar todos os obstáculos, romper todas as barreiras. A água má é insinuante, a água pura é sutil. Nos dois sentidos, a água transformou-se numa vontade. Todas as qualidades usuais, todos os valores superficiais passam à categoria de propriedades subalternas. Quem comanda é o interior. É de um ponto central, de uma vontade condensada que irradia a ação substancial.

Meditando essa ação do puro e do impuro, perceberemos uma transformação da imaginação material na imaginação dinâmica. A água pura e a água impura já não são apenas pensadas como substâncias, mas como forças. Por exemplo, a matéria pura "irradia" no sentido físico do termo, irradia pureza; inversamente, ela é capaz de *absorver* pureza. Pode então servir para *conglomerar a pureza*.

Tomemos um exemplo dos *Entretiens du comte de Gabalis*, do abade de Villars. Sem dúvida essas conversações são em tom de galhofa, mas páginas há que assumem um tom sério; são justamente aquelas em que a imaginação material se torna uma imaginação dinâmica. Entre fantasias bem pobres, sem valor onírico, vemos então intervir um raciocínio que valoriza a pureza de um modo curioso.

Como é que o conde de Gabalis evoca os espíritos que perambulam pelo universo? Não por meio de fórmulas cabalísticas, mas por meio de operações químicas bem definidas. Basta, pensa ele, *depurar* o elemento que corresponde aos espíritos. Com o auxílio de espelhos côncavos, concentraremos o fogo do sol num globo de vidro. Então se formará "um pó solar, o qual, tendo se purificado por si mesmo da mistura dos demais elementos, torna-se soberanamente próprio para exaltar o fogo que está em nós e fazer com que nos tornemos, por assim dizer, de natureza ígnea. Com isso os habitantes da esfera do fogo tornam-se nossos inferiores; e, encantados de ver restabelecida nossa mútua harmonia e que nós nos aproximamos deles, passam a dedicar-nos toda a amizade que têm por seus semelhantes..." [9] Enquanto o fogo do sol estava disperso, não podia ter ação sobre o nosso fogo vital. Sua condensação produziu a princípio sua materialização e em seguida deu à substância pura seu valor dinâmico. Os espíritos elementares são *atraídos* pelos elementos. Uma pequena metáfora a mais e compreende-se que essa *atração* é uma *amizade*. Chega-se, após toda essa química, à psicologia.

Do mesmo modo, em Gabalis (p. 30) a água torna-se um "maravilhoso ímã" para atrair as ninfas. A água purificada é ninfeizada. Será, portanto, em sua substância, o encontro material das ninfas. Assim, "sem cerimônias, sem palavras bárbaras", "sem demônios e sem arte ilícita", diz o abade de Villars, apenas pela *física da pureza*, o sábio torna-se o senhor absoluto dos espíri-

---

9. Conde de Gabalis, 34? vol. de *Voyages imaginaires*, Amsterdam, 1788, p. 29.

tos elementares. Para comandar os espíritos, basta transformar-se num hábil destilador. O parentesco entre os espíritos espirituais e os espíritos materiais é restabelecido quando se aprende a "separar os elementos pelos elementos". O emprego da palavra *gás*, derivado flamengo da palavra *Geist*, determina um pensamento materialista que conclui assim o seu processo metafórico: uma derivação comum se fundamenta então sobre um pleonasmo. Em vez de dizer que um espírito espiritual é um espírito material, ou, mais simplesmente, que *um espírito é espírito*, deve-se dizer, para analisar a intuição do conde de Gabalis, que um espírito *elementar* converteu-se num *elemento*. Passa-se do adjetivo ao substantivo, das qualidades à substância. Inversamente, quando nos submetemos assim inteiramente à imaginação material, a matéria sonhada em seu poder elementar se exaltará até tornar-se um espírito, uma vontade.

V

Uma das características que devemos aproximar do sonho de purificação sugerido pela água límpida é o sonho de renovação sugerido por uma água fresca. Mergulha-se na água para renascer renovado. Em *Os jardins suspensos*, Stefan George ouve uma onda que murmura: "Mergulhe em mim, para poder surgir de mim." Entenda-se: para ter a consciência de surgir. A *fonte de Juventa* é uma metáfora muito complexa que mereceria por si só um longo estudo. Deixando de lado tudo o que pertence à psicanálise nessa metáfora, vamos limitar-nos a algumas observações muito específicas que mostrarão como o *frescor*, sensação corporal muito nítida, se transforma numa metáfora tão afastada de sua base física que chegamos a falar de uma fresca paisagem, de um fresco quadro, de uma página literária cheia de frescor.

A psicologia dessa metáfora não é feita — é escamoteada — quando se diz que entre o sentido próprio e o sentido figurado há *correspondência*. Tal correspondência não será então mais que uma associação de idéias. Na verdade, ela é uma união viva de impressões sensíveis. Para quem vive realmente as evoluções da imaginação material, não existe sentido figurado; todos os sentidos figurados guardam um certo peso de sensibilidade, uma certa matéria sensível; o ponto é determinar essa matéria sensível persistente.

Cada qual possui em casa uma fonte de Juventa em sua bacia de água fria, numa enérgica manhã. E, sem essa experiência trivial, o complexo da poética Fonte de Juventa não poderia talvez se desenvolver. A água fresca desperta e rejuvenesce o rosto, o rosto em que o homem se vê envelhecer, em que ele gostaria tanto que não o vissem envelhecer! Mas a água fresca não rejuvenesce tanto o rosto para os outros como para nós mesmos. Sob a fronte despertada ganha vida um novo olhar. A água fresca restitui as chamas ao olhar. Eis o princípio da inversão que vai explicar o verdadeiro frescor das contemplações da água. É o olhar que se refresca. Se participamos realmente, pela imaginação material, da substância da água, *projetamos* um olhar fresco. A impressão de frescor proporcionada pelo mundo visível é uma expressão de frescor que o homem desperto projeta sobre as coisas. É impossível explicar isso sem utilizar a psicologia da *projeção sensível*. De manhãzinha, a água no rosto desperta a energia de ver. Põe a vista em ação; faz do olhar uma ação, uma ação clara, nítida, fácil. Somos tentados, então, a atribuir um jovem frescor ao que vemos. O oráculo de Cólofon, diz-nos Jâmblico [10], profetizava pela água. "Entretanto, a água não comunica a integral inspiração divina; mas fornece-nos a aptidão desejada e purifica em nós o alento luminoso..."

A luz pura pela água pura, tal nos parece ser o princípio psicológico da lustração. Perto da água, a luz assume uma tonalidade nova, parece que a luz tem mais claridade quando encontra uma água clara. "Metzu", diz-nos Théophile Gautier[11], "pintava em um pavilhão situado no meio de uma peça de água para conservar a integralidade de suas tintas." Fiel à nossa psicologia projetante, diríamos antes a *integralidade de seu olhar*. Somos levados a ver com olhos límpidos uma paisagem quando temos reservas de limpidez. A frescura de uma paisagem é uma maneira de olhá-la. É preciso, não há dúvida, que a paisagem ponha aí algo de si, que tenha um pouco de verdura e um pouco de água; mas é à imaginação material que cabe a mais longa tarefa. Essa ação direta da imaginação se evidencia no caso da imaginação literária: o frescor de um estilo é a mais difícil das qualidades; depende do escritor, e não do assunto tratado.

---

10. Citado por Saintyves, op. cit., p. 131.
11. Théophile Gautier, *Nouvelles. La toison d'or*, p. 183.

Ao complexo da Fonte de Juventa liga-se naturalmente a esperança de cura. A cura pela água, em seu princípio imaginário, pode ser considerada do duplo ponto de vista da imaginação material e da imaginação dinâmica. Para o primeiro ponto de vista, o tema é tão claro que basta enunciá-lo: atribuem-se à água virtudes que são antitéticas dos males do doente. O homem projeta o seu desejo de curar e sonha com a substância compassiva. É surpreendente a grande quantidade de trabalhos médicos que o século XVIII dedicou às águas minerais e às águas térmicas. Nosso século é menos prolixo. Veríamos facilmente que esses trabalhos pré-científicos pertencem mais à psicologia que à química. Inserem uma psicologia do doente e do médico na substância das águas.

O ponto de vista da imaginação dinâmica é mais geral e mais simples. De fato, a primeira lição dinâmica da água é elementar: o ser vai pedir à fonte uma primeira prova de cura por um despertar da energia. A razão mais terra-a-terra desse despertar é ainda a impressão de frescor que a fornece. Com sua substância fresca e jovem, a água nos ajuda a nos sentir enérgicos. No capítulo dedicado à água violenta, veremos que a água pode multiplicar suas lições de energia. Mas, desde já, é preciso compreender que a hidroterapia não é unicamente periférica. Tem um componente central. Desperta os centros nervosos. Tem um componente moral. Desperta o homem para a vida enérgica. A higiene é então um poema.

A pureza e a frescura aliam-se assim para dar uma alegria especial que todos os amantes da água conhecem. A união do sensível e do sensual vem sustentar um valor moral. Por muitos caminhos, a contemplação e a experiência da água conduzem-nos a um ideal. Não devemos subestimar as lições das matérias originais. Elas marcaram a mocidade do nosso espírito. São necessariamente uma reserva de juventude. Vamos reencontrá-las associadas às nossas lembranças íntimas. E, quando sonhamos, quando de fato nos perdemos em nossos sonhos, submetemo-nos à vida vegetativa e renovadora de um elemento.

Só então é que realizamos as características *substanciais* da água de Juventa, que reencontramos, em nossos próprios sonhos, os mitos do nascimento, a água em seu poder maternal, a água que faz viver na morte, para além da morte, como mostrou Jung (op. cit., p. 283). Esse devaneio da água de Juventa é então um devaneio tão *natural* que quase não compreendemos os escritores que procuram *racionalizá-lo*. Lembremo-nos, por exemplo, do pobre drama de Ernest Renan, *L'eau de Jouvence*. Veremos aí a inaptidão do lúcido escritor para viver as intuições alquímicas. Limita-se ele a cobrir de fábulas a idéia moderna da destilação. Arnauld de Villeneuve, sob a personagem de Próspero, acredita necessário retirar de sua *aguardente* a acusação de alcoolismo: "Nossos finos e perigosos produtos devem ser tomados com a ponta dos lábios. Será que é nossa culpa se, engolindo-os pelo gargalo, algumas pessoas arrebentam enquanto nós vivemos?" (Ato IV) Renan não percebeu que a alquimia pertence em primeiro lugar à psicologia mágica. Ela se liga ao poema, ela se liga mais ao sonho que às experiências objetivas. A água de Juventa é uma força onírica. Não pode servir de pretexto a um historiador que emprega por um instante — de que modo pesado! — o anacronismo.

VI

Como dizíamos no começo deste capítulo, todas estas observações não envolvem a fundo o problema das relações da purificação e da pureza natural. Só o problema da pureza natural exigiria longas discussões. Baste-nos evocar uma intuição que põe em dúvida essa pureza natural. Assim, estudando o *Espírito de liturgia* de Guardini, Ernest Seillière escreve: "Vejam a água, por exemplo, tão pérfida, tão perigosa em seus remoinhos e giros que parecem encantamentos ou magias, em sua inquietude eterna. Pois bem, os ritos litúrgicos da bênção exorcizam e neutralizam o que se oculta de malfazejo em suas profundezas, acorrentam seus poderes demoníacos e, despertando nela poderes mais conformes à sua natureza (boa), disciplinam seus imponderáveis e misteriosos poderes, que eles põem a serviço da alma, ao mesmo tempo paralisando o que nela havia de mágico, de atraente, de mau. Quem não sentiu isso", insiste o nosso poeta das cerimônias cristãs, "ignora a Natureza: mas a liturgia penetra seus segredos e nos revela que nela dormem *os mesmos poderes latentes que na alma dos homens*." [12] E Ernest Seillière mostra que essa concepção da

---

12. Ernest Seillière, *De la déesse nature à la déesse vie*, p. 367.

demonização substancial da água ultrapassa em profundidade as intuições de Klages, que não levam tão longe a influência demoníaca. Na visão de Guardini, é realmente o *elemento material* que simboliza em sua substância com nossa própria substância. Guardini retoma uma intuição de Friedrich Schlegel, para quem o espírito maligno age diretamente "sobre os elementos físicos". Nessa visão, a alma pecadora é já uma água má. O ato litúrgico que purifica a água inclina à purificação a substância humana correspondente. Vê-se, pois, aparecer o tema da *purificação consubstancial*, a necessidade de extirpar o mal da natureza inteira, tanto o mal no coração do homem como o mal no coração das coisas. Também a vida moral é portanto como a vida da imaginação, uma vida cósmica. O mundo inteiro quer a renovação. A imaginação material dramatiza o mundo em profundidade. Encontra na profundidade das substâncias todos os símbolos da vida humana íntima.

Compreende-se pois que a água pura, que a água-substância, que a água em si possa tomar, aos olhos de certas imaginações, o lugar de uma matéria primordial. Ela aparece então como uma espécie de substância das substâncias para a qual todas as demais substâncias são atributos. Assim, Paul Claudel, em seu projeto de uma *Igreja subterrânea em Chicago* [13], está certo de encontrar no seio da Terra uma verdadeira água essencial, uma água substancialmente religiosa. "Se cavarmos a terra, encontraremos a água. O fundo da bacia sagrada, em torno da qual, em fila, se comprimiriam as almas sedentas, seria então ocupado por um lago... Não cabe aqui insistir no imenso simbolismo da Água, que significa principalmente o Céu..." Esse lago subterrâneo sonhado pelo poeta visionário resultará assim em um *céu subterrâneo*... A água, em seu simbolismo, sabe tudo reunir. Claudel diz ainda: "Tudo o que o coração deseja pode sempre reduzir-se à figura da água." A água, o maior dos desejos, é o dom divino realmente inexaurível.

Essa água interior, esse lago subterrâneo de onde surge um altar, será uma "bacia de decantação de águas poluídas". Por sua simples presença, ela purificará a enorme cidade. Será uma espécie de *mosteiro material* que orará sem cessar na intimidade

---

13. Paul Claudel, *Positions et propositions*, t. I, p. 235.

e na permanência de sua única substância. Poderíamos encontrar na Teologia muitas outras provas da pureza metafísica de uma substância. Ativemo-nos apenas ao que se refere à metafísica da imaginação. Nativamente, um grande poeta imagina valores que têm seu lugar natural na vida profunda.

CAPÍTULO VII

A SUPREMACIA DA ÁGUA DOCE

> Toda água era doce para o egípcio, mas sobretudo aquela que fora tirada do rio, emanação de Osíris.
>
> GÉRARD DE NERVAL, *Les filles du feu*, p. 220

I

Já que queríamos, neste estudo, limitar-nos a observações essencialmente psicológicas sobre a *imaginação material*, devíamos tomar, nas narrativas mitológicas, apenas exemplos que pudessem ser reavivados presentemente em devaneios naturais e vivos. Só exemplos de uma imaginação incessantemente inventiva, tão afastada quanto possível das rotinas da memória, podem explicar essa aptidão para oferecer imagens materiais, imagens que ultrapassam as formas e atingem a própria matéria. Não devíamos pois intervir no debate que divide os mitólogos há um século. Como se sabe, essa divisão das teorias mitológicas consiste, esquematicamente, em indagar se é na medida dos homens ou na medida das coisas que se deve estudar os mitos. Noutras palavras, o mito é a lembrança da ação brilhante de um herói ou a lembrança do cataclismo de um mundo?

Ora, se consideramos não mais os mitos mas trechos de mito, isto é, imagens materiais menos ou mais humanizadas, o debate fica imediatamente mais matizado e sentimos ser necessário conciliar as doutrinas mitológicas extremas. Se o devaneio se liga à realidade, ele a humaniza, a engrandece, a magnifica. Todas as propriedades do real, uma vez sonhadas, tornam-se qualidades heróicas. Assim, para o devaneio da água, a água converte-se na heroína da doçura e da pureza. A matéria sonhada não permanece portanto objetiva; pode-se dizer realmente que ela se evemeriza.

Reciprocamente, o evemerismo, a despeito de sua insuficiência geral, dá a impressões materiais comuns a continuidade e a ligação de uma vida humana insigne. O rio, malgrado seus mil rostos, recebe um destino único; sua fonte tem a responsabilidade e o mérito de todo o curso. A força vem da fonte. A imaginação quase não leva em conta os afluentes. Ela quer que uma geografia seja a história de um rei. O sonhador que vê passar a água evoca a origem legendária do rio, sua fonte longínqua. Há um evemerismo potencial em todas as grandes forças da natureza. Mas esse evemerismo secundário não nos deve fazer esquecer o sensualismo profundo e complexo da imaginação material. Neste capítulo, vamos tentar mostrar a importância do sensualismo na psicologia da água.

Esse sensualismo primitivo, que fornece argumentos a uma doutrina naturalista das imagens em ação nos mitos, dá uma razão da supremacia imaginária da água das fontes sobre as águas do Oceano. Para tal sensualismo, a necessidade de sentir diretamente, a necessidade de tocar, de degustar suplantam o prazer de ver. Por exemplo, o materialismo da bebida pode obliterar o idealismo da visão. Um componente materialista aparentemente ínfimo pode deformar uma cosmologia. As cosmologias eruditas fazem-nos esquecer que as cosmologias ingênuas têm traços diretamente sensuais. Se dermos seu justo lugar à imaginação material nas cosmogonias imaginárias, compreenderemos que *a água doce é a verdadeira água mítica*.

II

Que a água do mar seja uma água inumana, que ela falte ao primeiro *dever* de todo elemento reverenciado, que é o de servir *diretamente* os homens, eis um fato que os mitólogos esqueceram com excessiva freqüência. Sem dúvida os deuses do mar animam as mais diversas mitologias; mas resta perguntar se a mitologia do mar pode ser, em todos os casos e sob todos os seus aspectos, uma mitologia primitiva.

Em primeiro lugar, obviamente, a mitologia do mar é uma mitologia local. Não interessa senão aos habitantes de um litoral. Além disso, os historiadores, rapidamente seduzidos pela lógica, decidem com demasiada facilidade que os habitantes da costa são fatalmente marujos. Gratuitamente, atribui-se a todos esses seres, aos homens, às mulheres, às crianças, uma experiência real e completa do mar. Não se compreende que a viagem distante, que a aventura marinha são antes de tudo aventuras e viagens *contadas*. Para a criança que escuta o viajante, a primeira experiência do mar é da ordem da *narração*. O mar propicia contos antes de propiciar sonhos. Portanto a divisão — psicologicamente tão importante — entre o conto e o mito não é bem feita, no tocante à mitologia do mar. Sem dúvida os contos acabam por juntar-se aos sonhos; os sonhos acabam por alimentar-se — muito magramente — dos contos. Mas os contos não participam realmente do poder fabulante dos sonhos naturais; os contos do mar menos que qualquer outro, pois as narrativas do viajante não são psicologicamente verificadas por aquele que escuta. Não adianta mentir quem volta de longe. O herói dos mares sempre volta de longe; volta de um além; nunca fala da costa. O mar é fabuloso porque se exprime primeiro pelos lábios do viajante da mais longínqua viagem. Ele fabula o distante. Ora, o sonho natural fabula o que se vê, o que se toca, o que se come. Elimina-se sem razão, nos estudos psicológicos, esse *expressionismo* primordial que prejudica o *impressionismo* essencial do sonho e da imaginação material. O orador fala demais sobre isso para que o ouvinte o sinta bastante. O inconsciente marítimo é portanto um inconsciente *falado*, um inconsciente que se dispersa em narrativas de aventuras, um inconsciente que não dorme. Perde assim, imediatamente, suas forças oníricas. É menos profundo que esse inconsciente que sonha em torno de experiências comuns e que continua nos sonhos da noite os intermináveis devaneios do dia. A mitologia do mar, por conseguinte, raramente toca nas origens da fabulação.

Logicamente, não precisamos insistir na influência da mitologia *ensinada*, que forma um obstáculo ao estudo psicológico exato dos mitos. Na mitologia ensinada, começa-se pelo geral em vez de começar pelo particular. Acredita-se fazer compreender sem se dar o trabalho de fazer sentir. Cada cantão do universo recebe um deus nominalmente designado. Netuno é o senhor do mar; Apolo do céu e da luz. Já não passa de um vocabulário. Um psicólogo do mito deverá pois esforçar-se por reencontrar coisas por trás dos nomes, para viver, antes das narrativas e dos contos, o devaneio primitivo, o devaneio natural, o devaneio solitário, aquele que acolhe a experiência de todos os sentidos e que projeta todas as nossas fantasias sobre todos os objetos. Esse devaneio, mais uma vez, deve colocar a água comum, a água cotidiana, antes do infinito dos mares.

III

A supremacia da água terrestre sobre a água marinha não escapou, naturalmente, aos mitólogos modernos. A esse respeito lembraremos apenas os trabalhos de Charles Ploix. Eles nos interessam ainda mais porque o *naturalismo* da mitologia de Ploix é primitivamente um naturalismo em grande escala, na medida dos fenômenos cósmicos mais gerais. O exemplo servirá para testar nossa teoria da imaginação material, que segue um caminho inverso e que quer reservar um lugar, ao lado do visível e do distante, para o tangível e o sensual.

Para Charles Ploix, o drama mitológico fundamental — tema monótono de todas as variações — é, como se sabe, o drama do dia e da noite. Todos os heróis são *solares*; todos os deuses são deuses da luz. Todos os mitos contam a mesma história: o triunfo do dia sobre a noite. E a emoção que norteia os mitos é a emoção primitiva por excelência: o medo das trevas, a ansiedade que a aurora vem finalmente curar. Os mitos agradam aos homens porque acabam bem; os mitos acabam bem porque acabam como acaba a noite: pelo sucesso do dia, pelo sucesso do bom herói, do corajoso herói que rasga e faz em pedaços os véus, que desata a angústia, que devolve a vida aos homens perdidos nas trevas como num inferno. Na teoria mítica de Ploix, todos os deuses, mesmo os que vivem sob a terra, porque são deuses receberão uma auréola; virão, ainda que por um dia, ainda que por uma hora, participar da alegria divina da ação diurna que é sempre uma ação brilhante.

Em conformidade com essa tese geral, o deus da água deverá ter sua parte de céu. Já que Zeus tomou o céu azul, claro, sereno,

Poseidon tomará o céu cinzento, coberto, nublado [1]. Assim, Poseidon terá, também ele, um papel no drama celeste permanente. A nuvem, as névoas, o nevoeiro serão, portanto, *conceitos primitivos* da psicologia netuniana. Ora, são precisamente os objetos incessantemente contemplados pelo devaneio hídrico que pressionam a água *oculta* no céu. Os sinais precursores da chuva despertam um devaneio especial, um devaneio muito vegetal, que vive realmente o desejo da pradaria pela chuva benfazeja. Em certas horas, o ser humano é uma planta que deseja a água do céu.

Charles Ploix apresenta numerosos argumentos para sustentar sua tese do cunho primitivamente celeste de Poseidon. Resulta desse cunho primitivo que a atribuição das forças oceânicas a Poseidon é tardia; é preciso que outra personagem venha, por assim dizer, substituir o deus das nuvens para que Poseidon trabalhe como um deus dos mares. "É absolutamente inverossímil", diz Ploix, "que o deus da água doce e o deus da água salgada sejam uma só e mesma personagem." E inclusive, antes de ir do céu ao mar, Poseidon irá do céu à terra. Será pois o deus da *água doce*, o deus da água terrestre. Em Trezena, "oferecem-lhe as primícias dos frutos da terra". Honram-no sob o nome de Poseidon Fitálmio. É portanto "o deus da vegetação". Toda divindade vegetal é uma divindade da água doce, uma divindade aparentada com os deuses da chuva e das nuvens.

Nas mitologias primitivas, é também Poseidon que faz surgir as fontes. E Charles Ploix assimila o tridente "à varinha mágica que faz também descobrir as fontes". Por vezes essa "varinha" opera com uma violência masculina. Para defender a filha de Dânaos contra o ataque de um sátiro, Poseidon arremessa o seu tridente, que vai se cravar numa rocha: "Ao retirá-lo, faz brotar três fios de água que se transformam na fonte de Lerna." Como se vê, a varinha do prospector de água tem uma história bem antiga! Faz parte também de uma bem velha e simples psicologia! No século XVIII, chamam-lhe freqüentemente *a vara de Jacó*; seu magnetismo é masculino. Mesmo em nossos dias, em que os talentos se mesclam, quase não se ouve falar de "prospectoras". Reciprocamente, como as fontes são provocadas pelo he-

---

1. Charles Ploix, *La nature et les dieux*, p. 444.

rói numa ação tão masculina, não nos deve admirar que a água das fontes seja, por excelência, uma água feminina.

Charles Ploix conclui: "Poseidon é, pois, a água doce." É a água doce em geral, porque as águas dispersas nas mil fontes do campo têm todas "seus fetiches" (p. 450). Em sua primeira generalização, Poseidon é, por conseqüência, um deus que generaliza os deuses das fontes e dos rios. Quando foi associado ao mar, tudo o que se fez foi continuar essa generalização. Aliás, Rohde mostrou que, quando Poseidon toma posse do vasto mar, quando não está mais ligado a um rio em especial, ele já é uma espécie de conceito divinizado[2]. E, de resto, ao próprio oceano permanece ligada uma lembrança dessa mitologia primitiva. Por *Okeanos*, diz Ploix, "deve entender-se não o mar, mas o grande reservatório de água doce (*potamos*) situado nas extremidades do mundo" (p. 447).

Como dizer melhor que a intuição sonhadora da água doce persiste a despeito das circunstâncias adversas? A água do céu, a fina chuva, a fonte amiga e salutar dão lições mais diretas que todas as águas dos mares. Foi uma perversão que salgou os mares. O sal entrava um devaneio, o devaneio da doçura, um dos devaneios mais materiais e mais naturais que existem. O devaneio natural reservará sempre um privilégio à água doce, à água que refresca, à água que dessedenta.

IV

Sobre a doçura, como sobre o frescor, pode-se seguir quase materialmente a constituição da metáfora que faz atribuir à água todas as qualidades adocicantes. A água, que é doce ao paladar, vai tornar-se, em certas intuições, materialmente doce. Um exemplo tirado da química de Boerhaave nos mostrará o sentido dessa substancialização da doçura.

Para Boerhaave[3], a água é *muito* doce. Com efeito, "é tão doce que, reduzida ao grau de calor que ocorre num homem sadio, e aplicada depois sobre as partes do nosso corpo onde

---

2. Cf. Rohde, *Psyché*, p. 104.
3. Boerhaave, *Elemens de chymie*, 1752, t. II, p. 586.

a sensação é mais delicada (como a córnea do olho, a membrana do nariz), não somente ela não excita aí nenhuma dor como não produz sequer uma sensação diferente daquela que é excitada por nossos humores... em seu estado natural". "Mais ainda, aplicada levemente sobre nervos tensos devido a alguma inflamação e tão sensíveis à menor coisa, ela não os afeta em nada. Derramada sobre partes ulceradas, ou sobre a carne viva... não produz a menor irritação." "Compressas de água quente, aplicadas sobre os nervos descobertos e meio consumidos por um câncer ulcerado, amenizam a vivacidade da dor, longe de aumentá-la." Pode-se ver a metáfora em ação: a água suaviza uma dor, portanto ela é doce. Boerhaave conclui: "Comparada com os outros humores do nosso corpo, ela é mais doce que qualquer um deles, sem excetuar mesmo o nosso Óleo, que, embora muito doce, não deixa de atuar sobre os nervos de um modo extraordinário e incômodo por sua simples viscosidade... Enfim, temos uma prova de sua grande doçura no fato de todos os tipos de corpos acres perderem sua acridez natural, que os torna tão nocivos ao corpo humano."

Doçura e acridez já não envolvem aqui qualquer referência às impressões do sabor; trata-se de qualidades substanciais que podem entrar em luta. Nessa luta, a doçura da água triunfa. É esta uma marca de seu caráter substancial [4].

Podemos agora ver o caminho percorrido desde a sensação inicial até a metáfora. A impressão de doçura que podem receber uma garganta sedenta, uma língua seca, é sem dúvida muito nítida; mas essa impressão nada tem em comum com as impressões visuais do amolecimento e da dissolução das substâncias pela água. Todavia, a imaginação material está em ação; deve propiciar às substâncias impressões primitivas. Deve pois atribuir à água as qualidades da bebida e, antes de tudo, as qualidades da primeira bebida. Portanto, de um certo ponto de vista é preciso que a água seja um leite, que a água seja doce como o leite. A água doce sempre há de ser, na imaginação dos homens, uma água privilegiada.

---

4. A doçura da água impregna a própria alma. Lê-se no *Hermès Trismégiste*, p. 202: "Um excesso de água torna a alma doce, afável, fácil, sociável e disposta a ceder."

CAPÍTULO VIII

A ÁGUA VIOLENTA

> Uma das tendências mais funestas do nosso tempo é imaginar que a natureza é devaneio, preguiça, langor.
>
> MICHELET, *La montagne*, p. 362
>
> O Oceano, pedaço de medo.
>
> DU BARTAS

I

Quando se atribui à psicologia dinâmica seu papel certo, quando se começa a distinguir — como tentamos fazer nas considerações sobre a composição da água e da terra — todas as matérias segundo o trabalho humano que elas provocam ou exigem, logo se compreende que a *realidade* só pode ser verdadeiramente constituída aos olhos do homem quando a atividade humana é suficientemente ofensiva, inteligentemente ofensiva. Então todos os objetos do mundo recebem seu justo *coeficiente de adversidade*. Esses matizes ativistas não parecem ter sido suficientemente exprimidos pela "intencionalidade fenomenológica". Os exemplos dos fenomenólogos não evidenciam com bastante nitidez os graus de tensão da intencionalidade; permanecem demasiado "formais", demasiado intelectuais. Princípios de avaliação intensiva e material faltam então a uma doutrina da objetivação que objetiva formas, mas não forças. São necessárias ao mesmo tempo uma intenção formal, uma intenção dinâmica e uma intenção material para compreender o objeto em sua força, em sua resistência, em sua matéria — numa palavra, em sua totalidade. O mundo é tanto o espelho do nosso tempo quanto a reação das nossas forças. Se o mundo é a minha vontade, é também o meu adversário. Quanto maior a vontade, maior o adversário. Para bem compreender a filosofia de Schopenhauer, devemos preservar na vontade humana seu caráter inicial. Na batalha do homem com o mundo, não é o mundo que começa. Completaremos portanto a lição de Schopenhauer, adicionaremos realmente a representação inteligente e a vontade clara do *Mundo como vontade e representação*, ao enunciarmos a fórmula: *O mundo é minha provocação*. *Compreendo* o mundo porque o *surpreendo* com minhas forças incisivas, com minhas forças dirigidas, na exata hierarquia de minhas ofensas, como realizações de minha alegre cólera, de minha cólera sempre vitoriosa, sempre conquistadora. Enquanto fonte de energia, o ser é uma cólera *a priori*.

Desse ponto de vista ativista, os quatro elementos materiais são quatro tipos diferentes de provocação, quatro tipos de cólera. E, vice-versa, a psicologia, se passasse a preocupar-se justamente com as características ofensivas de nossas ações, encontraria, em estudos da imaginação material, uma quádrupla raiz da cólera. Veria aí comportamentos objetivos para explosões aparentemente subjetivas. Obteria elementos para simbolizar cóleras dissimuladas ou violentas, obstinadas e vingativas. Como esperar atingir o espírito de finura na pesquisa psicológica sem uma riqueza suficiente do símbolo, sem uma floresta de símbolos? Como explicar todas essas voltas, todas essas retomadas de um devaneio de poder nunca satisfeito, nunca cansado, se não damos a menor atenção às ocasiões objetivas, tão diversas, de seu triunfo?

Se a *provocação* é uma noção indispensável para compreender o papel ativo de nosso conhecimento do mundo, é porque não se faz psicologia com a derrota. Não se conhece imediatamente o mundo num conhecimento plácido, passivo, quieto. Todos os devaneios construtivos — e não há algo mais essencialmente construtor que o devaneio de poder — norteiam-se na esperança de uma adversidade superada, na visão de um adversário vencido. Só encontraremos o sentido vital, nervoso, real das noções objetivas fazendo a história psicológica de uma vitória orgulhosa conquistada sobre um elemento adverso. É o orgulho que dá unidade dinâmica ao ser, é ele que cria e alonga a fibra nervosa. É o orgulho que dá ao impulso vital seus trajetos retilíneos, isto é, seu sucesso absoluto. É o sentimento da vitória certa que dá ao reflexo sua flecha, a alegria soberana, a alegria masculina de perfurar a realidade. O reflexo vitorioso e vivo ultrapassa sistematicamente seu alcance anterior. Vai mais longe. Se não fosse mais longe que uma ação anterior, seria já maquinal, animalizado. Os reflexos de defesa que trazem verdadeiramente o signo humano, os reflexos que o homem prepara, burila, mantém em alerta são atos que defendem atacando. São constantemente dinamizados por um querer-atacar. Constituem uma resposta a um insulto, e não uma resposta a uma sensação. E não nos enganemos: o adversário que insulta não é necessariamente um homem — as próprias coisas nos questionam. Em compensação, em sua experiência audaciosa, o homem brutaliza o real.

Se quisermos adotar essa definição anagenética do reflexo humano devidamente dinamizado pela provocação, pela necessidade de atacar as coisas, pelo trabalho ofensivo, compreenderemos que as vitórias sobre os quatro elementos materiais são todas particularmente salubres, tonificantes, renovadoras. Tais vitórias determinam quatro tipos de saúde, quatro tipos de vigor e de coragem que podem fornecer, para uma classificação dos comportamentos, traços talvez mais importantes que a teoria dos quatro temperamentos. Uma higiene ativa, caracterizada pelas matérias sobre as quais se exerce a ação — e como não dar o primeiro lugar à matéria em que se exerce a ação, à matéria trabalhada? —, terá então naturalmente uma quádrupla raiz na vida natural. Os quatro elementos especificam dinamicamente, mais ainda que materialmente, quatro tipos terapêuticos.

II

Para transmitir essa diferença na conquista dos comportamentos e das saúdes devidos aos elementos materiais combatidos, vamos estudar impressões de adversidade superada que estejam o mais próximas possível, mas sempre deixando-lhes sua marca material profunda. Será o caso da dinamogenia do caminhante contra o vento, por um lado, e da dinamogenia do nadador contra a corrente, por outro.

Uma vez que nosso objetivo, nesta obra, é dar uma contribuição à psicologia da criação literária, escolhamos desde já dois heróis literários para ilustrar nossas observações: Nietzsche, o caminhante e Swinburne, o nadador.

Nietzsche instruiu pacientemente sua vontade de poder com suas longas caminhadas na montanha, com sua vida ao ar livre no alto dos montes. No alto dos montes ele amou

A áspera divindade da rocha selvagem.[1]

O pensamento no vento; do caminhar ele faz um combate. Ou melhor, *a marcha é o seu combate*. É ela que dá o ritmo enérgico de Zaratustra. Zaratustra não fala sentado, não fala passeando, como um peripatético. Dá sua doutrina caminhando energicamente. Arroja-a aos quatro ventos do céu.

E que fácil vigor! Contra o vento o combate é quase sempre sem derrota. Um *herói do vento* que fosse derrubado por uma rajada seria o mais ridículo dos generais vencidos. O herói que *provoca* o vento não aceita o lema do caniço: "Curvo-me e não quebro", pois esse é um lema *passivo*, um lema que aconselha esperar, curvar-se diante do poder. Não é o lema ativo do caminhante, pois o caminhante *intrépido* se curva *para a frente*, em face do vento, contra o vento. Seu cajado atravessa o furacão, escava a terra, acutila a rajada. Dinamicamente, o caminhante no vento é o *inverso* do caniço.

Sem tristeza: as lágrimas arrancadas pelo vento norte são as lágrimas mais artificiais, mais exteriores, menos tristes. Não são lágrimas femininas. As lágrimas do *caminhante combatente* não são da ordem das dores, são da ordem da raiva. Respondem com a cólera à cólera da tempestade. O vento *vencido* as enxugará. Enquanto espera, como d'Annunzio, o caminhante, na excitação do seu combate, respira "o odor sulfuroso do furacão"[2].

E o caminhante envolto pela tempestade, como simboliza facilmente uma vitória de Samotrácia! Torna-se imediatamente uma bandeira, um pendão, um estandarte. É o signo de uma coragem, a prova de uma força, a tomada de uma extensão. O manto batido pelo furacão é assim uma espécie de bandeira inerente, a bandeira inexpugnável do herói do vento.

---

1. *Poésie in ecce homo*, p. 183.
2. D'Annunzio, *Forse che si, forse che no*, p. 37.

A marcha contra o vento, a marcha na montanha é sem dúvida o exercício que melhor ajuda a vencer o *complexo de inferioridade*. Reciprocamente, essa marcha que não deseja objetivo, essa *marcha pura* como uma *poesia pura*, proporciona constantes e imediatas impressões de vontade de poder. É a vontade de poder no estado discursivo. Os grandes tímidos são grandes caminhantes; conquistam vitórias simbólicas a cada passo; *compensam* sua timidez a cada cajadada. Longe das cidades, longe das mulheres, eles procuram a solidão dos cimos: "Foge, meu amigo, foge para a tua solidão" (*Fliehe, mein Freund, in deine Einsamkeit*) [3]. Foge da luta contra os homens para encontrar a *luta pura*, a luta contra os elementos. Vai aprender a luta lutando contra o vento. E Zaratustra termina a estrofe nestes termos: "Foge lá para cima, onde sopra um vento rude e forte."

III

Vejamos agora o segundo quadro do díptico.

Na água, a vitória é mais rara, mais perigosa, mais meritória que no vento. O nadador conquista um elemento mais estranho à sua natureza. O jovem nadador é um herói precoce. E que verdadeiro nadador não foi antes um jovem nadador? Os primeiros exercícios do nado ensejam um medo superado. A marcha não tem esse umbral de heroísmo. A esse medo do elemento novo associa-se, aliás, um certo temor com relação ao instrutor de natação, que muitas vezes precipita seu aluno na água profunda. Não admira, portanto, que um leve complexo edipiano se manifeste, em que o instrutor de natação desempenha o papel do pai. Os biógrafos nos dizem que aos seis anos Edgar Poe, que devia mais tarde tornar-se um nadador intrépido, tinha medo da água. A um medo superado corresponde sempre um orgulho. Marie Bonaparte cita uma carta de Edgar Poe em que o poeta ostenta o seu orgulho de nadador: "Eu não pensaria fazer coisa extraordinária tentando atravessar o Pas-de-Calais entre Dover e Calais." Relata também cenas em que Edgar Poe, revivendo sem dúvida velhas lembranças, desempenha o papel do instrutor de

---

3. Nietzsche, *Ainsi parlait Zarathoustra*, p. 72.

natação enérgico, do Pai nadador, precipitando o filho de Helena, o filho da bem-amada, nas águas. Outro jovem foi iniciado da mesma maneira; a brincadeira quase acabou mal e Edgar Poe teve de precipitar-se na água para salvar seu aluno. E Marie Bonaparte conclui: "A essas lembranças, agindo à sua maneira, vinha então juntar-se, surgido do fundo do inconsciente, o desejo profundo, edipiano, de substituir o pai."[4] Sem dúvida, em Poe, o complexo de Édipo tem outras fontes mais importantes; mas é interessante, a nosso ver, constatar que o inconsciente multiplica as imagens do pai e que todas as formas de iniciação colocam problemas edipianos.

Todavia, o psiquismo hidrante de Edgar Poe permanece muito especial. O componente ativo que acabamos de perceber em Poe, mestre de natação, não consegue dominar o componente melancólico, que continua a ser o cunho dominante das intuições da água na poética do escritor. Por isso nos serviremos de outro poeta para ilustrar a experiência viril do nado. É Swinburne quem nos permitirá designar o herói das águas violentas.

Poderíamos escrever numerosas páginas sobre os pensamentos e as imagens de Swinburne relativos à poesia geral das águas. Swinburne viveu as horas de sua infância perto das ondas, na ilha de Wight. Outra propriedade de seus avós, a 25 quilômetros de Newcastle, estendia seus grandes parques através de uma terra de lagos e rios. A propriedade era limitada pelas águas do rio Blyth [5]: como se é proprietário quando o domínio tem assim suas "fronteiras naturais"! Swinburne criança conheceu pois a mais deliciosa das posses: ter um rio só seu. Então, verdadeiramente, as imagens da água nos pertencem; são nossas; nós somos elas. Swinburne compreendeu que pertencia à água, ao mar. Em seu reconhecimento para com o mar, escreve:

> *Me the sea my nursing-mother, me the Channel green and hoar,*
> *Holds at heart more fast than all things, bares for me the goodlier breast,*
> *Lifts for me the lordlier love-song, bids for me more sunlight shine,*
> *Sounds for me the stormier trumpet of the sweeter stran to me...*
>
> *A Ballad at Parting*

---

4. Marie Bonaparte, op. cit., t. I, p. 341.
5. Lafourcade, *La jeunesse de Swinburne*, t. I, p. 43.

"Ao mar que me nutriu, à Mancha verde e escumosa, meu coração está ligado mais solidamente que a tudo o mais no mundo; ele desnuda para mim um peito generoso, entoa para mim o mais solene canto de amor, ordena para mim que o sol espraie mais generosamente o brilho de sua luz e faz soar para mim a impetuosa trombeta cujos tons me são tão doces..."

Paul de Reul reconheceu a importância vital de semelhantes poemas. Escreve ele: "Não é somente por metáfora que o poeta se diz filho do mar e do ar e abençoa essas impressões da natureza que formam a unidade de uma existência, ligando a criança ao adolescente, o adolescente ao homem." [6] E Paul de Reul cita em nota estes versos do *Garden of Cymodoce*:

> *Sea and bright wind, and heaven and ardent air*
> *More dear than all things earth-born; O to me*
> *Mother more dear than love's own longing. Sea...*

"Nada do que nasceu sobre a terra me é mais caro que o mar, o vento alegre, o céu e o ar vivo. Ó mar, tu me és mais caro que os próprios anseios do amor, és para mim uma mãe."

Como dizer melhor que as coisas, os objetos, as formas, todo o pitoresco variegado da natureza se dispersam e se apagam quando repercute o *apelo do elemento*? O apelo da água exige de certa forma uma doação total, uma doação íntima. A água quer um habitante. Ela chama como uma pátria. Numa carta a W. M. Rossetti, citada por Lafourcade (op. cit., t. I, p. 49), Swinburne escreve: "Nunca consegui estar sobre a água sem desejar estar dentro da água." Ver a água é querer estar "nela". Aos cinqüenta e dois anos, Swinburne fala ainda de seu arroubo: "Corri como uma criança, arranquei a roupa e lancei-me na água. Isso não durou mais que uns poucos minutos, mas eu estava no céu!"

Vamos pois sem mais demora a essa estética dinâmica do nado; escutemos, com Swinburne, o convite ativo da água.

Eis o salto, o arremesso, o primeiro salto, o primeiro arremesso no Oceano: "Quanto ao mar, seu sal *deve* ter estado em meu sangue antes do meu nascimento. Não consigo lembrar-me

---

6. Paul de Reul, *L'oeuvre de Swinburne*, p. 93.

de gozo anterior ao de ser seguro pelos braços estendidos de meu pai e brandido entre suas mãos, depois jogado como a pedra de uma funda através dos ares, gritando e rindo de felicidade, mergulhando de cabeça nas vagas que avançavam — prazer que só pode ser sentido por uma personagem bem pequenina."[7] Eis uma cena de iniciação de que não se fez uma análise absolutamente exata; com base na palavra de Swinburne, subtraíram-se dela todas as razões de sofrimento e hostilidade, conferiu-se-lhe a qualidade de um gozo primordial. Acreditou-se sob palavra em Swinburne, que escreveu a um amigo, na idade de trinta e oito anos: "Lembro-me de ter sentido medo de outras coisas, mas nunca do mar." Tal afirmação equivale a esquecer o *primeiro drama*, o drama que está sempre ligado a um *primeiro ato*. Equivale a aceitar como alegria substancial o festival de iniciação que *recobre*, na própria lembrança, o terror íntimo do iniciado.

Na verdade, o *salto no mar* reaviva, mais que qualquer outro acontecimento físico, os ecos de uma iniciação perigosa, de uma iniciação hostil. É a única imagem exata, razoável, a única imagem que se pode viver, do *salto no desconhecido*. Não existem outros saltos *reais* que sejam saltos "no desconhecido". O salto no desconhecido é um salto na água. É o *primeiro* salto do nadador noviço. Quando uma expressão tão abstrata como "o salto no desconhecido" encontra sua única razão numa experiência real, é a prova evidente da importância psicológica dessa imagem. A crítica literária não dá a necessária atenção, acreditamos, aos elementos reais das imagens. Com esse exemplo, parece-nos que se pode perceber que peso psicológico pode receber uma locução tão concretamente desgastada como "um salto no desconhecido" quando a imaginação material a devolve ao seu elemento. Uma humanidade que se lança de pára-quedas terá logo, a este respeito, uma experiência nova. Se trabalhar essa experiência, a imaginação material abrirá um novo campo de metáforas.

Restituamos, pois, à iniciação suas características verdadeiramente iniciais, verdadeiramente dramáticas. Quando deixamos os braços paternos para ser arrojados "como a pedra de uma funda" no elemento desconhecido, a única coisa que a princípio podemos sentir é uma impressão amarga de hostilidade.

---

7. Citado por Lafourcade, op. cit., t. I, p. 49.

Sentimo-nos "uma personagem bem pequenina". Quem ri, com um riso zombador, com um riso que fere, com um riso de iniciador, é o pai. Se a criança ri, é com um riso forçado, é com um riso constrangido, é com um riso nervoso espantosamente complexo. Após a prova, que pode ser muito breve, o riso infantil retomará sua franqueza, uma coragem recorrente virá mascarar a revolta inicial; a fácil vitória, a alegria de estar iniciado, o orgulho de ter-se tornado, como o pai, um ser da água, deixarão a "pedra de funda" sem rancor. As alegrias do nado apagarão o vestígio da humilhação inicial. Eugenio d'Ors viu bem as características polivalentes dos "risos da água". Enquanto o guia que mostra a Residência de Hellbrun, perto de Salzburgo, exibe o Banho de Perseu e de Andrômeda, um mecanismo dissimulado faz jorrar "cem jatos de água" que aspergem o visitante da cabeça aos pés. Eugenio d'Ors sente bem que "os risos do autor da brincadeira e os risos da própria vítima" não têm a mesma tonalidade. "O banho de surpresa", diz Eugenio d'Ors, "é uma variedade do esporte da auto-humilhação." [8]

Swinburne também foi enganado por impressões acumuladas no decorrer de sua vida sobre a impressão primitiva quando escreveu, em *Lesbia Brandon*: "Era mais desejo que coragem o que o atraía e o ligava à dura experiência da água." Não vê a exata composição do desejo e da coragem. Não vê que o nadador obedece ao *desejo da coragem*, lembrando-se de suas primeiras coragens quando o desejo estava ausente. Numa experiência de energia como a do nado, entre o desejo e a coragem não há alternativa: há a ação vigorosa de um genitivo. Como tantos outros psicólogos da era antepsicanalítica, Swinburne resvala para uma análise simplista que joga com o prazer e a dor como com entidades isoladas, separadas, contrárias. O nado é ambivalente. O primeiro nado é uma tragicomédia.

Georges Lafourcade, aliás, apreciou com propriedade a alegria cenestésica da violência. Em todo o seu belo estudo, ele dá justamente lugar a numerosos temas psicanalíticos. Seguindo a tese de Lafourcade, vamos tentar classificar as características dinâmicas da experiência marinha. Vamos ver como os elementos da vida objetiva simbolizam com os elementos da vida íntima.

---

8. Eugenio d'Ors, *La vie de Goya*, p. 153.

Na ação muscular do nado intervém uma ambivalência específica que nos vai permitir reconhecer um complexo em especial. Esse complexo, que resume tantas características da poética de Swinburne, propomos chamá-lo *complexo de Swinburne*.

Um complexo é sempre a articulação de uma ambivalência. Em torno de um complexo, a alegria e a dor estão sempre prontas a trocar seu ardor. Na experiência do nado, pode-se então ver acumularem-se as dualidades ambivalentes. Por exemplo, a água fria, quando triunfamos sobre ela corajosamente, dá uma sensação de cálida circulação. Resulta daí uma impressão de frescor especial, de frescor tônico: "O gosto do mar", diz Swinburne, "o beijo das ondas (é) amargo e fresco." Mas são as ambivalências que trabalham a vontade de poder que comandam tudo. Como diz Georges Lafourcade: "O mar é um inimigo que tenta vencer e que é preciso vencer; essas vagas são golpes que precisamos afrontar; o nadador tem a impressão de chocar-se com todo o seu corpo contra os membros do adversário." [9] Reflitamos no caráter tão particular dessa personificação, não obstante tão exata! *Vê-se a luta antes dos lutadores*. Mais precisamente, o mar não é um corpo que se vê, nem mesmo um corpo que se abraça. É um meio dinâmico que responde à dinâmica das nossas ofensas. Mesmo que imagens visuais surgissem da imaginação e dessem uma forma "aos membros do adversário", seria preciso reconhecer que essas imagens visuais vêm em segundo lugar, em subordem, pela necessidade de exprimir para o leitor uma imagem essencialmente dinâmica que é primordial e direta, que deriva, portanto, da imaginação dinâmica, da imaginação de um movimento corajoso. Essa imagem dinâmica fundamental é pois uma espécie de *luta em si*. Mais que ninguém, o nadador pode dizer: o mundo é a minha vontade, o mundo é a minha provocação. Sou eu que agito o mar.

Para sentir o gosto, o ardor, as viris delícias dessa "luta em si", não devemos ir rápido demais à sua conclusão; não devemos ir rápido demais ao fim do exercício, quando o nadador goza de seu sucesso, quando encontra a paz na fadiga sadia. Para caracterizar a *imaginação dinâmica*, tomemos ao contrário, aqui como em toda parte, a ação em suas premissas; e mesmo, se

---

9. Lafourcade, op. cit., t. I, p. 50.

queremos construir a imagem do "nado puro" como tipo particular da "poesia dinâmica pura", psicanalisemos o orgulho do nadador que sonha com sua próxima proeza. Compreenderemos que seu pensamento é uma *provocação representada por imagens*. Já, em seu devaneio, ele diz ao mar: "Uma vez mais, vou nadar *contra* ti, vou lutar, orgulhoso de minhas novas forças, em plena consciência de minhas forças superabundantes contra tuas ondas inumeráveis." Essa façanha sonhada pela vontade, eis a experiência cantada pelos poetas da água violenta. Ela é feita menos de lembranças que de antecipações. A água violenta é um esquema de coragem.

Lafourcade, contudo, vai um pouco depressa demais aos complexos da psicanálise clássica. Esses complexos gerais, não há dúvida, devem ser reencontrados pela análise psicológica: todos os complexos particularizados são, com efeito, produções dos complexos primitivos; mas os complexos primitivos só se tornam estetizantes quando se particularizam numa experiência cósmica, cobrindo-se de traços pitorescos, exprimindo-se numa beleza objetiva. Se o complexo de Swinburne desenvolve um complexo edipiano, é preciso que o cenário esteja à altura da personagem. Eis por que só o nado nas águas naturais, em pleno lago, em pleno rio, pode ser norteado pelas forças complexuais. A piscina, com seu nome tão ridiculamente escolhido, não dará ao exercício do complexo seu quadro verdadeiro. Falhará também com o ideal da solidão tão necessária à psicologia do desafio cósmico. Para bem *projetar* a vontade, é preciso estar só. Os poemas do nado voluntário são poemas da solidão. A piscina sempre carecerá do elemento psicológico fundamental que torna o nado moralmente salutar.

Se a vontade fornece o tema predominante da poesia do nado, a sensibilidade conserva naturalmente um papel. É graças à sensibilidade que a ambivalência especial da luta contra a água, com suas vitórias e derrotas, se insere na ambivalência clássica da dor e da alegria. Vamos ver, aliás, que essa ambivalência não é equilibrada. A fadiga é o destino do nadador: o sadismo deve dar lugar, mais cedo ou mais tarde, ao masoquismo.

Em Swinburne, na exaltação das águas violentas, sadismo e masoquismo estão a princípio, como convém a uma natureza complexual, muito misturados. Swinburne diz à vaga: "Meus lábios festejarão a escuma de teus lábios... teus doces e ásperos beijos são fortes como o vinho, teus largos abraços, agudos como a dor." Mas chega um momento em que o adversário é o mais forte, em que, por conseguinte, o masoquismo se instala. Então, "cada vaga faz sofrer, cada onda cinge como uma correia". "A flagelação das ondas marcou-o dos ombros aos joelhos e impeliu-o à margem, com a pele inteira avermelhada pelo açoite do mar." (*Lesbia Brandon*) E, diante de tais metáforas muitas vezes repetidas, Lafourcade evoca justamente o sofrimento ambivalente da flagelação, tão característico do masoquismo.

Se lembrarmos agora que essa flagelação aparece num *nado narrado*, isto é, como uma metáfora de metáfora, compreenderemos o que é um masoquismo literário, um masoquismo virtual. Na realidade psicológica do masoquismo, a flagelação é uma condição prévia do gozo; na "realidade" literária, a flagelação já é apenas uma conseqüência, a seqüência de uma felicidade excessiva. O mar flagela o homem que ele venceu, que ele arroja para a margem. Entretanto, essa inversão não nos deve enganar. A ambivalência do prazer e da dor marca os poemas como marca a vida. Quando um poema encontra um tom dramático ambivalente, sente-se que é o eco multiplicado de um instante valorizado em que se enlaçaram, no coração do poeta, o bem e o mal de todo um universo. Mais uma vez, a imaginação faz subirem até o nível cósmico pobres acidentes da vida individual. A imaginação se norteia por essas imagens dominantes. Grande parte da poética de Swinburne explica-se por essa imagem dominante da flagelação pelas ondas. Estamos pois autorizados, acreditamos, a utilizar o nome de Swinburne para designar um complexo especial. O *complexo de Swinburne*, estamos certos disso, será reconhecido por todos os nadadores. Será reconhecido sobretudo por todos os nadadores que contam o seu nado, que fazem de seu nado um poema, pois é um dos complexos poetizantes do nado. Será, portanto, um tema de explicação útil para caracterizar certos estados psicológicos e certos poemas.

Byron poderia ser objeto de um estudo similar. Sua obra está cheia de fórmulas que decorrem de uma poética do nado. Elas forneceriam muitas variantes do tema fundamental. Assim, em *Os dois Foscari*, lê-se: "Quantas vezes, com um braço robusto, eu fendi essas ondas, opondo à sua resistência um peito audacioso. Com um gesto rápido, lançava para trás minha cabeleira úmida... Afastava a escuma com desdém." [10] O gesto da cabeleira lançada para trás é por si só significativo. É o instante de uma resolução, o sinal da aceitação do combate. Esse movimento da cabeça assinala uma vontade de ser a cabeça de um movimento. O nadador realmente faz face às ondas, e então "as vagas", diz Byron em *Childe Harold*, "reconhecem o seu senhor".

Obviamente, há muitos outros tipos de nado além do nado violento e ativo que acabamos de estudar nesse parágrafo. Uma psicologia completa da água poderia encontrar na literatura páginas em que se mostraria uma comunhão dinâmica do nadador com as ondas. Por exemplo, John Charpentier diz com acerto de Coleridge: "Ele se entrega à sua sedução sonhadora; aí ele desabrocha como a medusa no mar em que ela nada com leveza e do qual ela parece adotar o ritmo de sua inchação de pára-quedas, acariciar as correntes com suas moles umbelas flutuantes..." [11] Por esta imagem tão bem vivida dinamicamente, tão fiel às forças da imaginação material, John Charpentier nos faz compreender o *nado mole e volumétrico*, no exato limite do passivo e do ativo, da flutuação e da impulsão que vai se unir ao devaneio embalado, pois tudo se assemelha no inconsciente. E essa imagem é uma grande verdade coleridgiana. Coleridge, por exemplo, escrevia a Wedgwood, em 1803: "Meu ser está cheio de vagas que rolam e se quebram, aqui e ali, como as coisas que não têm um senhor comum..." Assim será o sonho de um homem que não sabe *provocar* o mundo; será o nado de um homem que não sabe *provocar* o mar.

Um estudo mais aprofundado neste caminho nos permitiria seguir a passagem dos tipos de nados às metamorfoses pisciformes. Seria necessário, então, estabelecer a história natural dos peixes imaginários. Esses peixes imaginários são pouco numerosos na literatura, pois nossa imaginação dinâmica da água é bastante pobre. Tieck, em seu conto *Wassermensch*, tentou seguir sinceramente a metamorfose de um homem dedicado à água elementar. Ao contrário, *L'ondine*, de Giraudoux, derroga a sinceridade mítica, não se beneficia de uma experiência onírica profun-

---

10. Citado por Paul de Reul, *De Wordsworth à Keats*, p. 188.
11. John Charpentier, *Coleridge*, p. 135.

da. Assim se explica por que Giraudoux foge, como de um jogo que o fatiga rapidamente, de suas "metáforas de peixes". Não conseguiu passar da metáfora à metamorfose. Pedir a uma sereia que faça um *grand écart* não passa de brincadeira estática, formal, que não simpatiza com a imaginação dinâmica das águas.

Como a psicologia complexual é muitas vezes precisada pelo estudo dos complexos enfraquecidos ou derivados, vamos estudar agora complexos de Swinburne enfraquecidos. Efetivamente, o desafio ao mar tem também seus fanfarrões. Da margem, por exemplo, a *provocação* é mais fácil; é portanto mais eloqüente. Designa então *complexos de Swinburne larvados* que se adornam de componentes estéticos muito diversos. Vamos, portanto, examinar alguns desses novos aspectos do devaneio e da literatura da água.

IV

Haverá tema mais banal que o da *cólera* do Oceano? Um mar calmo é acometido por uma súbita ira. Rosna e ruge. Recebe todas as metáforas da fúria, todos os símbolos animais do furor e da raiva. Agita sua juba de leão. Sua escuma assemelha-se "à saliva de um leviatã", "a água é cheia de garras". Victor Hugo escreveu assim, em *Les travailleurs de la mer*, uma admirável psicologia da tempestade [12]. Nessas páginas, que tanto falaram à alma popular, Victor Hugo acumulou as metáforas mais diversas, certo de ser compreendido. É que a psicologia da cólera constitui, no fundo, uma das mais ricas e das mais matizadas. Vai da hipocrisia e da covardia até o cinismo e o crime. A quantidade de estados psicológicos a projetar é muito maior na cólera que no amor. As metáforas do mar feliz e bondoso serão pois muito menos numerosas que as do mar cruel.

Como queremos sobretudo, nestas páginas, discernir o princípio da projeção dinâmica, vamos tentar estudar apenas um caso bem definido de projeção da violência, afastando, no limite

---

12. Victor Hugo, *Les travailleurs de la mer*, livro III, *La lutte*.

do possível, a influência das imagens visuais e seguindo certas atitudes que participam de uma intimidade dinâmica do universo.

Por exemplo, em várias ocasiões, Balzac mostra em *L'enfant maudit* uma alma em total correspondência com a vida dinâmica do mar.

Étienne, o filho maldito, é por assim dizer votado à ira do Oceano. No momento de seu nascimento, "uma horrível tempestade ribombava por essa chaminé que repetia suas menores rajadas emprestando-lhes um sentido lúgubre, e a largura de seu cano comunicava-a tão bem com o céu que os numerosos tições da lareira tinham uma espécie de respiração, brilhavam e apagavam-se alternadamente, ao sabor do vento"[13]. Estranha imagem em que o cano da chaminé, como uma garganta grosseira e inacabada, racionaliza desajeitadamente — com uma inépcia sem dúvida voluntária — a respiração irada do furacão. Por esse meio grosseiro, o oceano levou sua voz profética ao quarto mais fechado: esse nascimento na noite de uma horrível tempestade marca para sempre com um signo fatal a vida do filho maldito.

Balzac, no centro de sua narrativa, vai aliás revelar-nos seu pensamento íntimo: há uma correspondência, no sentido swedenborgiano, entre a vida de um elemento em fúria e a vida de uma consciência infeliz. "Já várias vezes ele encontrara misteriosas correspondências entre suas emoções e os movimentos do Oceano. A adivinhação dos pensamentos da matéria, de que o havia dotado sua ciência oculta, tornava esse fenômeno mais eloqüente para ele que para qualquer outro." (p. 60) Como reconhecer mais claramente que a matéria possui um pensamento, um devaneio, e que ela não se limita a vir pensar em nós, sonhar em nós, sofrer em nós? Não esqueçamos, ademais, que "a ciência oculta" do filho maldito não é uma hábil taumaturgia; nada tem de comum com a ciência "erudita" de um Fausto. É ao mesmo tempo uma presciência obscura e um conhecimento direto da vida íntima dos elementos. Não foi adquirida no laboratório, trabalhando as substâncias, mas em face da Natureza, em face do Oceano, numa meditação solitária. Balzac continua: "Durante a noite fatal em que ia ver sua mãe pela última vez, o Oceano

---

13. Balzac, *L'enfant maudit*, ed. Librairie Nouvelle, Paris, 1858, p. 3.

foi agitado por movimentos que lhe pareceram extraordinários."
Será preciso sublinhar que uma tempestade *extraordinária* é uma tempestade vista por um espectador num estado psicológico *extraordinário*? Então, há realmente do universo ao homem correspondência *extraordinária*, comunicação interna, íntima, substancial. As correspondências se enlaçam em instantes raros e solenes. Uma meditação íntima proporciona uma contemplação em que se decifra a intimidade do mundo. A meditação com os olhos fechados e a contemplação com os olhos bem abertos têm subitamente a mesma vida. A alma sofre nas coisas; à aflição de uma alma corresponde a desgraça de um oceano: "Era uma agitação de águas que mostrava o mar trabalhado intestinamente; ele inflava em grossas vagas que vinham expirar com seus ruídos lúgubres e semelhantes aos urros dos cães aflitos. Étienne surpreende-se dizendo a si mesmo: 'Que quer ele de mim? Ele trabalha e se queixa como uma criatura viva! Minha mãe contou-me muitas vezes que o Oceano era presa de horríveis convulsões durante a noite em que nasci. Que vai me acontecer?' " As convulsões de um nascimento dramático aumentam assim de potência até serem as convulsões de um oceano.

A *correspondência* acentua-se de página em página. "À força de procurar um outro ele-mesmo a quem pudesse confiar seus pensamentos e cuja vida pudesse tornar-se a sua, acabou por simpatizar com o Oceano. O mar tornou-se para ele um ser animado, pensante..." (p. 65) Compreenderíamos mal o alcance dessas páginas se víssemos nelas apenas um banal animismo ou mesmo um artifício literário para animar o cenário com a personagem. Com efeito, Balzac vai encontrar matizes psicológicos tão raramente notados que sua novidade é a garantia de uma observação psicológica real. Deveremos considerá-los como observações muito instrutivas para uma psicologia da imaginação dinâmica.

Vejamos, efetivamente, entrar em cena a vontade de poder. Entre Étienne e o Oceano, não há somente uma simpatia vaga, uma simpatia frouxa. Há sobretudo uma *simpatia colérica*, uma comunhão direta e reversível das violências. Parece então que os *sinais objetivos* da tempestade não são mais necessários para que o Filho Maldito prediga a tempestade. Essa predição não é de ordem semiológica; é de ordem psicológica. Faz parte da psicologia da cólera.

Entre dois seres que se iram, os primeiros sinais são *nadas* — nadas que não enganam. Haverá diálogo mais íntimo que o diálogo de duas cóleras? O *eu* e o *tu* coléricos nascem no mesmo momento, na mesma atmosfera de calma trivial. Em seus primeiros indícios, são ao mesmo tempo imediatos e velados. O *eu* e o *tu* coléricos continuam juntos sua vida surda, são ocultos e manifestos, sua hipocrisia é um sistema em comum, quase um sistema de polidez combinada. Enfim, o *eu* e o *tu* coléricos irrompem juntos, como uma fanfarra guerreira. Ei-los no mesmo diapasão. Entre o Filho Maldito e o Oceano se estabelece o mesmo diagrama da cólera, a mesma escala das violências, o mesmo acordo das vontades de poder. Étienne "sentia em sua alma uma verdadeira tempestade quando (o mar) se irava; respirava com cólera em seus assobios agudos, corria com as vagas enormes que se quebravam em mil franjas líquidas sobre os rochedos, sentia-se intrépido e terrível como ele e, como ele, saltava em recuos prodigiosos; guardava seus silêncios sombrios, imitava-lhe as súbitas clemências" (p. 66).

Balzac acaba de encontrar aí um traço psicológico real que prova *a generalidade de uma ação singular*. Com efeito, quem ainda não viu, na borda do mar, uma criança linfática comandar as ondas? A criança calcula seu comando para proferi-lo no momento em que a onda vai obedecer. Põe sua vontade de poder de acordo com o ritmo da água que traz e leva suas ondas sobre a areia. Constrói em si mesma uma espécie de cólera destramente ritmada em que se sucedem uma defensiva fácil e um ataque *sempre vitorioso*. *Intrépida*, a criança persegue a onda que recua; desafia o mar hostil que se vai, zomba dele fugindo das ondas que retornam. Todas as lutas humanas são simbolizadas com essa brincadeira infantil. Durante horas a criança que comanda as ondas alimenta assim um complexo de Swinburne larvado, o complexo de Swinburne de um habitante do interior.

Parece-nos que, uma vez bem isoladas todas as formas do complexo de Swinburne, a crítica literária deveria dar mais importância do que costuma a páginas tão características. Com sua profundidade psicológica habitual, Michelet observou a mesma cena: "Toda imaginação jovem (vê na violência das vagas) uma imagem de guerra, um combate, e a princípio se assusta.

Depois, observando que esse furor tem limites em que se detém, a criança tranqüilizada antes odeia do que teme a coisa selvagem que parece querer-lhe mal. Por sua vez, atira seixos no grande inimigo rugidor. Observei esse duelo no Havre em julho de 1831. Uma menina que levei até ali para ver o mar sentiu sua jovem coragem e indignou-se com esses desafios. Respondia à guerra com a guerra. Luta desigual, de fazer sorrir, entre a mão delicada da frágil criatura e a temível força que lhe dava tão pouca importância." [14]

Aliás, é evidente que para compreender tão bem um complexo é preciso participar pessoalmente dele. E Michelet é um bom exemplo disso. Não parece ele sofrer filosoficamente com o fato de o Oceano "dar tão pouca importância" à coragem dos homens?

Nesses desafios recíprocos, quanto mais pobre o escritor, mais verboso o oceano. Mas o orgulho sempre se excita da mesma forma diante da vaga que foge. Tudo o que foge diante de nós, ainda que seja uma água inerte e sem vida, nos torna valentes. Num romance de Jules Sandeau vamos reencontrar, com muitos detalhes, o mesmo complexo larvado de Swinburne: "Quando o Oceano deixava suas areias, Marianna gostava de perseguir a onda que fugia e de vê-la voltar sobre ela. Então era ela que fugia... Fugia, mas passo a passo, com um pé que só cede a contragosto e que gostaria de deixar-se alcançar." [15] Por vezes são os gritos do salva-vidas que a arrancam "aos abraços da vaga prestes a devorá-la". Mais adiante, forçando o perigo, ele diz que a vaga salta "como uma hiena" sobre Marianna, as ondas "pisoteiam seu corpo". Como se vê, o mar tem uma raiva animal, uma raiva humana.

Eis portanto um romancista que deve pintar a revolta de uma alma ferida, de uma grande amante traída pela vida, ulcerada pela mais injusta das traições — e o escritor nada encontra de melhor para representar uma revolta tão íntima que a brincadeira de uma criança que desafia o Oceano! É que as imagens da imaginação primordial comandam toda a nossa vida. É que elas se

---

14. Michelet, *La mer*, p. 12.
15. Jules Sandeau, *Marianna*, 11: ed., Paris, 1876, p. 202.

colocam como por si mesmas no centro do drama humano. A tempestade nos fornece as imagens naturais da paixão. Como diz Novalis com seu gênio da expressão direta: "A tempestade favorece a paixão."

Assim, quando vamos à origem das imagens, quando revivemos as imagens em sua matéria e em sua força primordiais, sabemos encontrar uma emoção em páginas injustamente acusadas de declamação. Como se a declamação já não fosse, sumariamente, uma tempestade do verbo, uma paixão de exprimir! Por isso, quando compreendemos o sentido realista de um complexo de Swinburne, encontramos um tom sincero numa página como esta: "Ó vaidade da dor! Na presença do mar, Marianna não se humilhou diante desse grande desolado, que enche suas margens de lamentações eternas. Acreditou ouvir uma alma responder aos soluços da sua. Estabeleceu-se entre elas não sei que comunicações misteriosas. Quando as vagas sublevadas saltavam em fúria — éguas de alvíssima crina —, pálida, desgrenhada, ela corria à praia; e ali, semelhante ao Espírito da Tempestade, misturava seus gritos aos clamores do furacão. — Muito bem! — exclamava ela, marchando contra a onda. — Muito bem! Atormentada como eu, é assim que gosto de você! — E, oferecendo-se com sombrio júbilo à escuma gelada que o vento lhe arrojava no rosto, ela acreditava receber o beijo do irmão de seu desespero." [16]

Será preciso sublinhar a nuança dessa melancolia atroz, dessa melancolia ativa, dessa melancolia que quer a ofensa repetida das coisas após haver sofrido a ofensa dos homens? A melancolia das águas violentas é bem diferente da melancolia poesca das águas mortas.

As almas mais ternas podem ser surpreendidas no ato de "compensar" heroicamente. A meiga Marceline Desbordes-Valmore — sua filha mais velha chamava-se Ondine — conta que, voltando sozinha da América, aos quinze anos, ela pediu aos marujos para amarrá-la solidamente nos cabos, a fim de assistir sem queixas, sem gritos, sem um murmúrio "ao espetáculo emocionante da tempestade e à luta dos homens contra os elementos

---

16. Jules Sandeau, op. cit., p. 197.

desencadeados" [17]. Sem querer fazer-nos de juiz da realidade dessa longínqua lembrança, sem perguntar-nos se não há aí um desses heroísmos recorrentes tão comuns nas "lembranças da infância" dos escritores, observemos de passagem o grande privilégio de uma psicologia da imaginação: o exagero de um fato positivo nada prova — ao contrário — contra o *fato da imaginação*. O *fato imaginado* é mais importante que o *fato real*. Na lembrança de Marceline Desbordes-Valmore, a memória *dramatiza*; por conseguinte, estamos certos de que o escritor imagina. O drama da jovem órfã foi inserido numa grandiosa imagem. Sua coragem perante a vida encontrou seu símbolo em sua coragem perante o mar em fúria.

Aliás, pode-se encontrar casos em que se vê em ação uma espécie de complexo de Swinburne vigiado, dominado. A nosso ver, tais casos podem trazer uma preciosa confirmação às nossas teses sobre a imaginação dinâmica. Qual é a verdadeira calma do homem? É a calma conquistada sobre si mesmo, e não a calma natural. É a calma conquistada contra uma violência, contra a cólera. Ele desarma o adversário; impõe sua calma ao adversário; declara paz ao mundo. Sonha-se com uma correspondência mágica exatamente recíproca entre o mundo e o homem. Edgar Quinet exprime essa magia da imaginação com uma força singular em seu grande poema sobre Merlin, o Feiticeiro:

— *Que fazes para aplacar um mar em fúria?*
— *Contenho a minha cólera.*[18]

Como dizer melhor que a cólera é um conhecimento primordial da imaginação dinâmica? Nós a damos e a recebemos; transmitimo-la ao universo e a freamos no coração como no universo. A cólera é a mais direta das transações entre o homem e as coisas. Não suscita vãs imagens, pois é ela que dá as imagens dinâmicas iniciais.

A água violenta é um dos primeiros esquemas da cólera universal. Por isso não há epopéia sem uma cena de tempestade. M. J. Rouch faz essa observação e estuda — como meteorologista — a tempestade descrita por Ronsard na *Franciade* [19]. A grandeza hu-

---

17. Arthur Pougin, *La jeunesse de Mme Desbordes-Valmore*, p. 56.
18. Edgar Quinet, *Merlin l'enchanteur*, t. I, p. 412.
19. J. Rouch, *Orages et tempêtes dans la littérature*, 1929, p. 22.

mana tem necessidade de medir-se com a grandeza de um mundo: "Os nobres pensamentos nascem dos nobres espetáculos", diz Chateaubriand após a descrição da tempestade em *Les martyrs*.

Podemos realmente encontrar páginas em que o complexo de Swinburne norteia uma filosofia grandiosa, em que o homem consciente de sua força sobre-humana se alça ao papel de um Netuno dominador. É um encontro casual que faz de Goethe, partidário, como se sabe, do netunismo em geologia, um *Netuno psicológico* dos mais manifestos? No *Second Faust* lê-se esta página: "Meu olhar estava dirigido para o alto-mar. Este inflava para dobrar-se sobre si mesmo, depois cedia e sacudia suas vagas para assaltar a extensão da praia, e eu me indignava de ver como, pelo movimento de um sangue apaixonado, o orgulho provoca o descontentamento do espírito livre que respeita todos os direitos. Tomei a coisa por um acidente, agucei o olhar: o fluxo se deteve e rolou para trás, afastou-se do objetivo que tocara altivamente... Ele se aproxima rastejando, estéril, para espalhar a esterilidade por milhares e milhares de praias; depois incha e cresce, e rola, e cobre a horrenda extensão da praia deserta. Ali reinam ondas sobre ondas impetuosas; elas se retiram... e nada fizeram. Poderia atormentar-me até o desespero, essa força cega dos elementos desencadeados. Então o meu espírito ousa elevar-se acima de si mesmo. Eis onde eu gostaria de lutar! É aí que eu gostaria de vencer! E isso é possível!... Por mais violenta que seja, a onda se curva diante de qualquer colina; por mais que avance com orgulho, a menor eminência a afronta altivamente, a menor profundeza a arrasta vitoriosamente. Assim, formei no princípio, em minha mente, planos sobre planos. Assegura para ti esse raro gozo! Repelir da margem o mar imperioso, estreitar os limites da úmida extensão e empurrá-la para bem longe sobre si mesma... Eis o meu desejo." [20]

Deter com o olhar o mar tumultuoso, como o quer a vontade de Fausto, jogar uma pedra na onda hostil, como faz a criança de Michelet: é a mesma imagem da imaginação dinâmica. É o mesmo sonho de vontade de poder. Essa aproximação inespe-

---

20. Goethe, op. cit., p. 421.

rada entre Fausto e uma criança pode fazer-nos compreender que sempre há um pouco de ingenuidade na vontade de poder. Realmente o destino da vontade de poder é sonhar o poder para além do poder efetivo. Sem essa faixa de sonho, a vontade de poder seria impotente. É por seus sonhos que a vontade de poder é a mais ofensiva. Assim, aquele que quer ser um super-homem reencontra com toda a naturalidade os mesmos sonhos da criança que queria ser um homem. Comandar o mar é um sonho sobre-humano. É ao mesmo tempo uma vontade de gênio e uma vontade de criança.

V

No *complexo de Swinburne*, os elementos masoquistas são numerosos. Pode-se associar a esse complexo da psicologia das águas violentas um complexo mais nitidamente sádico sob o nome de *complexo de Xerxes*.

Rememoremos para o leitor o episódio contado por Heródoto [21]: "Tendo Xerxes ordenado a construção das pontes entre as cidades de Sesto e Abido, terminadas essas pontes elevou-se medonha tempestade que rompeu os cordames e quebrou os navios. Ao ser informado sobre isso, Xerxes, indignado, tomado de cólera, mandou dar trezentas chicotadas no Helesponto e fez jogar ali um par de cepos. Ouvi dizer que enviou também, com os executores dessa ordem, algumas pessoas para marcar as águas com um ferro em brasa. Mas é certo ter ele ordenado que, ao chicoteá-las, lhes fosse pronunciado este discurso bárbaro e insensato: 'Onda amarga, teu senhor te castiga assim porque o ofendeste sem que ele te desse motivo para isso. O rei Xerxes te atravessará por bem ou por mal. É com razão que ninguém te oferece sacrifícios, já que és um rio enganador e salgado.' Depois de castigar assim o mar, fez cortar a cabeça aos que haviam presidido à construção das pontes." [22]

---

21. Heródoto, *Histoire*, VII, 34, 35.
22. Já Ciro se vingara do Gindo, que arrebatara um de seus cavalos sagrados. "Indignado com o insulto do rio, Ciro ameaçou torná-lo tão fraco que até as mulheres poderiam atravessá-lo sem molhar os joelhos, e fez cavar por seu exército trezentos canais para desviar o rio."

Se fosse um episódio isolado, uma loucura excepcional, essa página teria bem pouca importância para um estudo da imaginação. Mas a verdade é bem outra, e as loucuras mais extraordinárias estão longe de constituir exceções. Não faltam lendas que renovam a prática do rei dos medas. Após o fracasso de seus encantamentos, quantas feiticeiras não objetivaram o seu rancor golpeando as águas pantanosas! [23] Saintyves relata também, segundo Pouqueville, a prática dos turcos que habitam as margens do Ínaco. Essa prática ainda estava em uso por volta de 1826: "Mediante um requerimento formulado e assinado formalmente, os turcos denunciam ao cádi que o Ínaco, saindo de seus limites, devasta seus campos, e suplicam-lhe para ordenar que ele torne a entrar em seu leito. O juiz emite uma sentença de acordo com as conclusões e todos se contentam com esse pronunciamento. Mas, se as águas aumentam, então o cádi, acompanhado dos habitantes, desce até o local para intimar o rio a retirar-se. Lançam-lhe uma cópia da intimação do juiz; o povo o chama de usurpador, de devastador, atira-lhe pedras..." A mesma prática é evocada nos *Chants populaires de la Grèce et de la Serbie* de Achille Millien (1891, p. 68). As mulheres dos marujos desaparecidos reúnem-se na praia. Cada uma

> *Flagela sucessivamente a superfície das ondas.*
> *Ó mar, ó mar cruel de vagas escumantes,*
> *Onde estão nossos maridos? Onde estão nossos bem-amados?*

Todas essas violências obedecem à psicologia do ressentimento, da vingança simbólica e indireta. Pode-se encontrar, na psicologia da água, violências similares que vão utilizar outra forma da excitação colérica. Veremos, examinando-os atentamente, que todos os pormenores da psicologia da cólera se repetem no plano cósmico. Pode-se ver efetivamente, nas práticas dos *Tempestiários*, uma psicologia evidente do *provocador*.

Para obter a borrasca desejada, o tempestiário, o *homo faber* da tempestade, excita as águas como uma criança arrelia um cachorro. Uma fonte lhe basta. Ele chega à beira da água, com seu bastão de aveleira, com sua vara de Jacó. Com a ponta,

---

23. Cf. Sébillot, op. cit., t. II, p. 465.

arranha o espelho transparente da fonte; retira-o com vivacidade; com um gesto brusco, torna a mergulhá-lo; cutuca a água.

A água tranqüila e plácida, que em seu repouso é deveras

> *A água, como uma pele*
> *Que ninguém pode ferir,* [24]

acaba por irritar-se. Os nervos da água estão agora à flor da pele. Então o tempestiário mergulha o bastão até a vasa; chicoteia a fonte até as entranhas. Desta vez o elemento se enfurece, sua cólera torna-se universal; a tempestade ribomba, o raio corusca, o granizo crepita, a água inunda a terra. O tempestiário cumpriu sua tarefa cosmológica. Para isso, ele *projetou* a psicologia da provocação, certo de encontrar na água todas as características de uma psicologia universal.

Encontraremos, no *Folklore des eaux* de Saintyves, numerosos exemplos da prática dos tempestiários [25]. Resumamos alguns deles. Lê-se na *Démonolâtrie* de Nicolas Remi (1595): "Foi declarado pela asserção livre e espontânea de mais de duzentas pessoas que dois homens, condenados ao fogo como feiticeiros, se reuniam em certos dias à beira de um lago ou de um rio e que ali, munidos de uma varinha preta que tinham recebido do demônio, golpeavam fortemente a água até que se elevavam dela vapores abundantes, que os transportavam aos ares; em seguida, depois de ter executado seus artifícios, tornavam a cair sobre a terra no meio das torrentes de granizo..."

Alguns lagos são particularmente excitáveis; reagem imediatamente à menor *provocação*. Um velho historiador dos condados de Foix, de Béarn e de Navarra conta que existem nos Pireneus "dois lagos que alimentam chamas, fogo e trovão... Quando se joga alguma coisa neles, logo se vê tamanha algazarra no ar que a maioria dos espectadores de tal fúria são atingidos pelo fogo e pelos raios comuns e originários do lago". Outro cronista "assinala a quatro léguas de Bade um pequeno lago em que não se podia jogar terra, uma pedra, um objeto qualquer sem que o céu ficasse logo turvado pela chuva ou por uma tempestade".

---

24. Paul Éluard, *Les animaux et leurs hommes. Les hommes et leurs animaux*, Mouillé.
25. Saintyves, op. cit., pp. 205-11

Pomponius Mela menciona também uma fonte particularmente "suscetível". "Quando a mão do homem vem a tocar (um rochedo de sua borda), logo a fonte se incha imoderadamente e faz voar turbilhões de areia, semelhantes às ondas de um mar agitado pela tempestade." [26]

Existem, como se vê, águas que têm a epiderme sensível. Poderíamos multiplicar os matizes, poderíamos mostrar que a ofensa feita às águas pode decrescer fisicamente, sempre conservando indene a reação das águas violentas, poderíamos mostrar que a ofensa pode passar da flagelação à simples ameaça. Uma só unhada, a mais leve sujeira pode despertar a cólera da água.

Nossa tarefa de psicólogo literário não estaria cumprida se nos limitássemos a citar lendas e histórias antigas. De fato, pode-se mostrar que complexos de Xerxes estão ativos no devaneio de certos escritores. Vamos relatar alguns casos.

E em primeiro lugar um caso bastante modesto em que a ofensa feita às águas quase não ultrapassa o simples desprezo. Vamos encontrá-lo no *Ahasvérus* de Edgar Quinet (p. 76). O rei, cheio de soberba, seguro de sua vontade de poder, provoca nestes termos o Oceano que se infla para o dilúvio: "Oceano, mar distante, contaste antecipadamente os degraus de minha torre... Cuidado, pobre criança zangada, que teu pé não escorregue em minhas lajes e que tua saliva não molhe minha rampa. Antes de ter subido a metade de meus degraus, envergonhado, ofegante, velando-te com tua escuma, voltarás para casa pensando: estou cansado." Em Ossian, é freqüentemente com a espada que se combate a tempestade. No terceiro canto, Calmar investe contra a água, o gládio nu: "Quando a nuvem baixa passa perto dele, ele agarra seus negros flocos e mergulha o ferro em sua bruma tenebrosa. O espírito da tempestade abandona os ares..." Luta-se contra as coisas como se luta contra os homens. O espírito de batalha é homogêneo.

Por vezes o sentido metafórico se inverte: é a resistência ao mar que cederá suas imagens à resistência contra os homens. Victor Hugo descreve assim Mess Lethierry: "Nunca o mau tempo o fizera recuar; isso sucedia porque ele era pouco acessível à contradição. Não a tolerava mais do oceano do que de um outro qualquer. Queria ser obedecido; tanto pior para o mar,

---

26. Citado por Saintyves, op. cit., 109.

se resistisse; era preciso que ele tomasse o seu partido. Mess Lethierry não cedia. Não mais que um vizinho que discute, uma vaga que se empina nunca conseguiria detê-lo."[27] O homem é um ser inteiriço. Tem a mesma vontade contra qualquer adversário. Toda resistência desperta o mesmo querer. No reino da vontade, não há distinção entre as coisas e os homens. A imagem do mar que se retira *vexado* da resistência de um só homem não suscita nenhuma crítica no leitor. Pensando bem, essa imagem é no entanto uma simples metáfora do ato insensato de Xerxes.

Um grande poeta reencontra os pensamentos primitivos e sob sua pena a ingenuidade da lenda se desfaz diante de não sei que beleza lendária. Xerxes fez marcar com ferro em brasa o Helesponto revoltado? Paul Claudel reencontra a imagem, ao que parece sem pensar no texto de Heródoto. No início do primeiro ato de *Partage du midi* encontra-se esta esplêndida imagem que citamos de memória: "O mar, espinhaço resplandecente, é como uma vaca subjugada que se marca com o ferro em brasa." Essa imagem não terá a emocionante beleza de um céu ao anoitecer que fere até o sangue o mar espantado? Foi feita diante da natureza, por uma natureza de poeta — longe dos livros e dos conselhos escolares. Tais páginas são preciosas para a nossa tese. Mostram que a poesia é uma síntese natural e duradoura de imagens aparentemente artificiais. Tanto o conquistador como o poeta querem imprimir no universo a marca de seu poder: um e outro tomam a marca na mão e imprimem seu ferro em brasa sobre o universo dominado. O que nos parece insensato na história, no passado, é agora, num eterno presente, uma verdade profunda da livre imaginação. A metáfora, fisicamente inadmissível, psicologicamente insensata, é todavia uma verdade poética. Isso porque a metáfora é o fenômeno da alma poética. É ainda um fenômeno da natureza, uma projeção da natureza humana sobre a natureza universal.

VI

Portanto, nem tudo foi dito quando se englobaram todas essas lendas, todas essas loucuras, todas essas formas poéticas sob o

---

27. Victor Hugo, *Les travailleurs de la mer*, 1ª parte, livro IV.

nome de animismo. Com efeito, deve-se compreender que se trata de um animismo que realmente anima, de um animismo todo em detalhe, todo em finura que reencontra com segurança no mundo inanimado todos os matizes de uma vida sensível e voluntária, que lê a natureza como uma fisionomia humana móvel.

Se quisermos compreender a psicologia da imaginação entendida como uma faculdade natural, e não mais como uma faculdade educada, deveremos atribuir um papel a esse animismo prolixo, a esse animismo que a tudo anima, que a tudo projeta, que mistura, a propósito de tudo, o desejo e a visão, as impulsões íntimas e as forças naturais. Então colocaremos, como convém, as imagens antes das idéias. Colocaremos em primeiro lugar, como convém, as imagens *naturais*, aquelas que a natureza fornece diretamente, aquelas que seguem ao mesmo tempo as forças da natureza e as forças da nossa natureza, aquelas que tomam a matéria e o movimento dos elementos naturais, as imagens que sentimos ativas em nós mesmos, em nossos órgãos.

Pode-se considerar qualquer ação humana: percebe-se que ela não tem o mesmo gosto no meio dos homens e no meio dos campos. Por exemplo, quando a criança, na academia de ginástica, na serragem, se esforça no salto à distância, o que ela sente é apenas uma emulação humana. Se ela é a primeira nesse exercício, é a primeira entre os homens. Que outro orgulho, que orgulho sobre-humano de saltar o obstáculo *natural*, de transpor com um salto o regato! Por mais que estejamos sozinhos, somos o *primeiro*. Somos o primeiro na ordem da natureza. E a criança, num jogo sem fim, sob os salgueiros, vai de uma pradaria à outra, senhora de dois mundos, arrastando a água tumultuosa. Quantas imagens vêm assumir aí sua origem natural! Quantos devaneios vêm tomar aí o gosto do poder, o gosto do triunfo, o gosto do desprezo por aquilo que é superado! A criança que salta por cima do regato do grande prado sabe sonhar as aventuras, sabe sonhar a força, o ímpeto, sabe sonhar a audácia. Calçou realmente as botas de sete léguas!

O salto por cima de um regato como obstáculo *natural* é aliás o que mais se assemelha ao salto que gostamos de dar em nossos sonhos. Se nos esforçássemos, como propomos, por reencontrar antes do limiar de nossas experiências efetivas as experiências imaginárias que fazemos no grande país do nosso sono, perceberíamos que no reino do imaginário e do devaneio o dia nos foi dado para verificar as experiências das nossas noites. Charles Nodier escreve em suas *Rêveries*: "Um dos filósofos mais engenhosos e mais profundos da nossa época contava-me... que, tendo sonhado várias noites seguidas, em sua juventude, que tinha adquirido a maravilhosa propriedade de sustentar-se e de mover-se no ar, nunca pôde se desiludir dessa impressão sem fazer uma tentativa ao atravessar um riacho ou um fosso." (p. 165) A visão de um riacho reanima sonhos distantes; vitaliza o nosso devaneio.

Inversamente, as imagens literárias corretamente dinamizadas dinamizam o leitor; determinam nas almas consonantes uma espécie de higiene física da leitura, uma ginástica imaginária, uma ginástica dos centros nervosos. O sistema nervoso tem necessidade de tais poemas. Infelizmente, em nossa poética confusa, não encontramos facilmente o nosso regime pessoal. A retórica, com sua insípida enciclopédia do belo, com suas pueris racionalizações do claro, não nos permite ser verdadeiramente fiéis ao nosso elemento. Impede-nos de seguir, em seu pleno impulso, o *fantasma real da nossa natureza imaginária*, que, se dominasse a nossa vida, nos devolveria a verdade do nosso ser, a energia do nosso dinamismo próprio.

CONCLUSÃO

A PALAVRA DA ÁGUA

> Seguro a onda do rio como um violão.
>
> PAUL ÉLUARD, *Le livre ouvert*
>
> Espelho menos que arrepio... ao mesmo tempo pausa e carícia, passagem de um arco líquido sobre um concerto de musgo.
>
> PAUL CLAUDEL, *L'oiseau noir dans le soleil levant*, p. 230

I

Gostaríamos de reunir, em nossa conclusão, todas as lições de lirismo que o rio nos dá. Essas lições, no fundo, têm uma grande unidade. São realmente as lições de um elemento fundamental.

Para mostrar bem a unidade vocal da poesia da água, vamos desenvolver imediatamente um paradoxo extremo: a água é a senhora da linguagem fluida, da linguagem sem brusquidão, da linguagem contínua, continuada, da linguagem que abranda o ritmo, que proporciona uma matéria uniforme a ritmos diferentes. Portanto, não hesitaremos em dar seu pleno sentido à expressão que fala da qualidade de uma poesia fluida e animada, de uma poesia que se escoa da fonte.

Sem forçar, como fazemos aqui, Paul de Reul observa precisamente a predileção de Swinburne pelas consoantes líquidas: "A tendência a empregar as líquidas para impedir o acúmulo e o choque das outras consoantes leva-o a multiplicar outros sons de transição. O emprego do artigo, de uma palavra derivada em vez de uma palavra simples, não tem geralmente outro motivo: *in the june days — Life within life in laid.*" [1] Onde Paul de Reul vê meios, nós vemos um fim: a liquidez é, a nosso ver, o próprio desejo da linguagem. A linguagem quer fluir. Ela flui naturalmente. Seus sobressaltos, seus seixos, suas durezas são tentativas mais factícias, mais difíceis no sentido de se *naturalizar*.

Nossa tese não se detém nas lições da poesia imitativa. De fato, a poesia imitativa parece-nos condenada a permanecer superficial. De um som vivo ela conserva apenas as brutalidades, as inépcias. Dá a mecânica sonora, não dá a sonoridade humanamente viva. Por exemplo, Spearman diz que quase se ouve o galope nos versos:

> *I sprang to the stirrup, and Joris, and he,*
> *I galloped, Dirck galloped, we galloped, all three.* [2]

Para reproduzir bem um ruído, é preciso produzi-lo mais profundamente ainda, é preciso viver a vontade de produzi-lo; aqui, seria necessário que o poeta nos induzisse a mover as pernas, a correr girando para viver bem o movimento assimétrico do galope; essa preparação dinâmica falta. É essa preparação dinâmica que produz a audição *ativa*, a audição que faz falar, que faz mover, que faz ver. Na verdade, a teoria de Spearman, no seu conjunto, é excessivamente conceptual. Seus argumentos apóiam-se em desenhos, dando à vista um privilégio insigne. Por esse caminho só se pode chegar a uma fórmula da imaginação reprodutora. Ora, a imaginação reprodutora mascara e entrava a imaginação criadora. Em última análise, o verdadeiro campo para o estudo da imaginação não é a pintura, mas a obra literária, a palavra, a frase. Então, como a forma representa poucas coisas! Como a matéria comanda! Que grande mestre, o riacho!

Existem, diz Balzac, "mistérios escondidos em toda palavra humana" [3]. Mas o verdadeiro mistério não está necessariamente nas origens, nas raízes, nas formas antigas... Palavras há que se acham em plena floração, em plena vida, palavras que o passado não havia concluído, que os antigos não conheceram tão belas,

---

1. Paul de Reul, *L'oeuvre de Swinburne*, p. 32 em nota.
2. Spearman, *Creative mind*, p. 88.
3. Balzac, *Louis Lambert*, ed. Leroy, p. 5.

palavras que são as jóias misteriosas de uma língua. Tal é a palavra *rivière* (rio). É um fenômeno incomunicável em outras línguas. Pensemos foneticamente na brutalidade sonora da palavra *river*. Compreenderemos que a palavra *rivière* é a mais francesa de todas as palavras. É uma palavra que se faz com a imagem visual da *rive* (margem) imóvel e que, no entanto, não cessa de fluir...

Quando uma expressão poética se revela ao mesmo tempo pura e dominante, pode-se estar certo de que ela tem uma relação direta com as fontes materiais elementares da língua. Sempre me intrigou o fato de os poetas associarem a harmônica à poesia das águas. A meiga cega do *Titan* de Jean-Paul toca harmônica. No *Pokal*, o herói de Tieck trabalha a borda da taça como uma harmônica. E eu me perguntava por qual prestígio o copo de água sonoro recebera seu nome de harmônica. Muito tempo depois, li em Bachoffen que a vogal *a* é a vogal da água. Ela comanda *aqua*, *apa*, *wasser*. É o fenômeno da criação pela água. O *a* marca uma matéria-prima. É a letra inicial do poema universal. É a letra do repouso da alma na mística tibetana.

Aqui, pode-se acusar-nos de aceitar como razões sólidas simples aproximações verbais; pode-se dizer-nos que as *consoantes líquidas* não passam de uma curiosa metáfora dos foneticistas. Tal objeção, contudo, parece-nos uma recusa de sentir, em sua vida profunda, a *correspondência* entre o verbo e o real. Semelhante objeção é uma vontade de descartar todo um âmbito da imaginação criadora: a imaginação pela palavra, a imaginação pelo *falar*, a imaginação que desfruta muscularmente do falar, que fala com volubilidade e que aumenta o volume psíquico do ser. Essa imaginação sabe bem que o rio é uma palavra sem pontuação, uma frase eluardiana que não aceita, para sua narrativa, "pontuadores". Ó canto do rio, maravilhosa logorréia da natureza-criança!

E como não viver também o falar líquido, o falar zombeteiro, a gíria do riacho!

Se não percebemos facilmente esse aspecto da *imaginação falante*, é porque queremos dar um sentido demasiado restrito à função da onomatopéia. Queremos sempre que a onomatopéia seja um eco, queremos que ela se guie inteiramente pela audição. Na verdade o ouvido é muito mais liberal do que se supõe, ele deseja aceitar uma certa transposição na imitação e logo imita a imitação inicial. À sua alegria de ouvir o homem associa a alegria do falar ativo, a alegria de toda a fisionomia que exprime o seu talento de imitador. *O som é apenas uma parte do mimologismo.*

Charles Nodier, com sua ciência bem comportada, compreendeu bem o cunho de *projeção* das onomatopéias. Ele é pródigo no sentido do presidente de Brosses: "Muitas onomatopéias foram formadas, se não de acordo com o ruído produzido pelo movimento que elas representam, ao menos de acordo com um ruído determinado a partir daquele que tal movimento parece dever produzir, considerando-o em sua analogia com algum outro movimento do mesmo gênero e seus efeitos comuns; por exemplo, a ação de *pestanejar* (*clignoter*), sobre a qual ele forma essas conjeturas, não produz o menor ruído real, mas as ações da mesma espécie lembram muito bem, pelo ruído de que são acompanhadas, o som que serviu de raiz a essa palavra." [4] Há aqui, portanto, uma espécie de onomatopéia delegada que é preciso *produzir*, que é preciso *projetar* para ouvir; uma espécie de onomatopéia abstrata que dá voz a uma pálpebra que treme.

Caindo da folhagem depois da borrasca, há gotas que pestanejam assim e que fazem tremer a luz e o espelho das águas. Ao *vê-las*, nós as *ouvimos* tremer.

A nosso ver, há portanto na atividade poética uma espécie de reflexo condicionado, reflexo estranho pois tem *três* raízes: reúne as impressões visuais, as impressões auditivas e as impressões vocais. E a alegria de exprimir é tão exuberante que, em última análise, é a expressão vocal que marca a paisagem com seus "toques" dominantes. A voz *projeta* visões. Lábios e dentes produzem então *espetáculos* diferentes. Há paisagens que são criadas com os punhos e os maxilares... Há paisagens labiadas, tão suaves, tão boas, tão fáceis de pronunciar... Em especial, se pudéssemos agrupar todas as palavras com fonemas líquidos, obteríamos naturalmente uma paisagem aquática. Reciprocamente, uma paisagem poética expressa por um psiquismo hidrante, pelo verbo das águas, encontra naturalmente as consoantes líquidas. O som, o som nativo, o som natural — isto é, a voz —, põe

---

4. Charles Nodier, *Dictionnaire raisonné des onomatopées françaises*, 1828, p. 90.

as coisas no seu lugar. A vocalização comanda a pintura dos verdadeiros poetas. Vamos tentar dar um exemplo dessa propriedade vocal que determina a imaginação dos poetas.

Assim é que, para mim, escutando os remoinhos do riacho, parecia-me natural que em muitos versos dos poetas o riacho fizesse florescer o lírio e o gladíolo. Estudando um pouco mais de perto esse exemplo, compreende-se a vitória da imaginação do verbo sobre a imaginação visual ou, mais simplesmente, a vitória da imaginação criadora sobre o realismo. Compreende-se ao mesmo tempo a inércia poética da etimologia.

O gladíolo recebeu o seu nome — visualmente, passivamente — do gládio. É um gládio que não se maneja, que não corta, um gládio cuja ponta é tão fina, tão bem desenhada, mas tão frágil, que não pica. Sua forma não pertence à poesia da água. Nem tampouco sua cor. Essa cor vibrante é uma cor quente, é uma chama do inferno; o gladíolo é chamado, em certas regiões, de "a chama do inferno". Enfim, quase não existem realmente gladíolos ao longo do riacho. Mas, quando se canta, o realismo está sempre errado. A vista já não comanda, a etimologia já não pensa. O ouvido, também ele, quer nomear com flores; quer que aquilo que ele ouve floresça, floresça diretamente, floresça na linguagem. Também a suavidade da cor quer imagens para mostrar. Escute! O *gladíolo* é então um suspiro especial do riacho, um suspiro sincrônico, em nós, com uma leve, muito leve tristeza que se ostenta, que se escoa e que não mais se nomeará. O gladíolo é um semiluto da água melancólica. Longe de ser uma cor viva que se lembra, que se reflete, é um leve soluço que se esquece. As sílabas "líquidas" amolecem e conduzem imagens que se detêm por um instante numa lembrança antiga. Elas devolvem à tristeza um pouco de fluidez [5].

Ademais, como explicar de outro modo que não pela poesia dos sons das águas tantos *sinos tragados*, tantos campanários submersos que ainda soam, tantas harpas de ouro que dão gravidade a vozes cristalinas? Num *lied* mencionado por Schuré, o amante

---

5. Mallarmé associa o gladíolo ao cisne:
   o gladíolo fulvo, com os cisnes de pescoço fino
                                                  Les Fleurs
Trata-se, em nosso entender, de uma "associação" de origem hídrica.

de uma jovem raptada pelo *Nixe* do rio toca por sua vez a harpa de ouro [6]. O *Nixe*, lentamente vencido pela harmonia, devolve a noiva. O encanto é vencido pelo encanto, a música pela música. Assim vão os diálogos encantados.

Do mesmo modo, o riso das águas não terá a menor secura e, para exprimi-lo, como sinos meio loucos, serão necessários sons "glaucos" que soam com um certo verdor. A *grenouille* (rã) foneticamente — na fonética verdadeira que é a fonética imaginada — é já um animal da água. É por acréscimo que ela é verde. E o bom povo não se engana ao chamar a água de xarope de rã: bobo de quem beber (*gribouille qui la boira* [7])!

É igualmente uma felicidade ouvir, depois dos *a* da tempestade, depois dos fragores do aquilão, os *o* da água, as trombas e a bela redondeza dos sons. Tamanha é a alegria reconquistada que as palavras se invertem como loucas: o riacho ri e o riso rola (*le ruisseau rigole et la rigole ruisselle*).

Nunca terminaríamos de procurar todas as palavras de derivação comum na fonética imaginária das águas se escutássemos as trombas e as rajadas, se estudássemos juntos os gritos e as caricaturas da gárgula. Para cuspir a tempestade como um insulto, para vomitar as injúrias guturais da água, seria preciso ligar à goteira formas monstruosas, esgoeladas, beiçudas, cornudas, escancaradas. A gárgula brinca indefinidamente com o dilúvio. A gárgula foi um *som* antes de ser uma imagem, ou pelo menos foi um som que encontrou imediatamente sua imagem de pedra.

Na alegria e na dor, em seu tumulto e em sua paz, em suas brincadeiras e em seus queixumes, a fonte é exatamente, como diz Paul Fort, "o Verbo que se faz águas" [8]. Quando se escutam

---

6. Schuré, *Histoire du lied*, p. 103.
7. Para traduzir "a confusão voluntária" de um hino védico *Às rãs*, Louis Renou (op. cit., p. 75) queria um equivalente masculino para "rã". Nas narrativas de uma aldeia campesina, o Pai Gribouille era o parceiro da Mãe Gribouille. Eis dois versículos traduzidos por L. Renou: "Quando no princípio das Chuvas chove sobre [as rãs] aquiescentes, sedentas, elas gritam *akhkhalá*!, e como um filho vai na direção de seu pai elas vão, conversando, uma na direção da outra.

"Se uma delas repete as palavras da outra como o aluno as do mestre, o todo se harmoniza como um trecho que vossas belas vozes entoais sobre as águas."

8. *Ermitage*, julho de 1897.

todos os seus sons, tão belos, tão simples, tão frescos, parece que a água "vem à boca". Será preciso calar, enfim, todas as venturas da língua úmida? Como compreender, então, certas fórmulas que evocam a intimidade profunda do úmido? Por exemplo, um hino do Rig Veda, em duas linhas, aproxima o mar e a língua: "O seio de Indra, sedento de soma, deve estar sempre cheio dele: assim como o mar está sempre inchado de água, assim a língua está incessantemente cheia de saliva." [9] A liquidez é um princípio da linguagem: a linguagem deve estar inchada de águas. Quando se aprende a falar, como diz Tristan Tzara, "uma nuvem de rios impetuosos enche a boca árida" [10].

Também não existe grande poesia sem largos intervalos de descanso e de lentidão, nem grandes poemas sem silêncio. A água é também um modelo de paz e de silêncio. A água dormente e silenciosa introduz nas paisagens, como diz Claudel, "lagos de canto". Perto dela a gravidade poética aprofunda-se. A água vive como um grande silêncio materializado. É ao pé da fonte de Melisanda que Peléias murmura: "Há sempre um silêncio extraordinário... Ouviríamos dormir a água." (ato I) Parece que, para bem compreender o silêncio, nossa alma tem necessidade de ver *alguma coisa* que se cala; para estar certa do repouso, ela precisa sentir perto de si um grande ser natural que dorme. Maeterlinck trabalhou nos confins da poesia e do silêncio, no tom mínimo da voz, na sonoridade das águas dormentes.

II

A água tem também vozes indiretas. A natureza repercute ecos ontológicos. Os seres respondem-se imitando vozes elementares. De todos os elementos, a água é o mais fiel "espelho das vozes" [11]. O melro, por exemplo, canta como uma cascata de água pura. Em seu grande romance intitulado *Wolf Solent*, Powys parece perseguido por essa metáfora, por essa metafonia. Por exemplo: "O tom especial do canto do melro, mais impregnado

---

9. *Le Rig-Véda*, t. I, p. 14.
10. Tristan Tzara, *Où boivent les loups*, p. 151.
11. Id., ibid., p. 161.

do espírito do ar e da água que qualquer outro do mundo, sempre tivera para Wolf uma atração misteriosa. Ele parecia conter, na esfera do som, o que contêm, na esfera da matéria, os lagos calçados de sombra e cercados de samambaias. Parecia conter em si toda a tristeza que é possível sentir sem transpor a linha invisível da região em que a tristeza se converte em desespero." (p. 137) Muitas vezes tenho relido essas páginas que me fizeram compreender ser o trinado do melro um cristal que cai, uma cascata que morre. O melro não canta para o céu. Canta para uma água próxima. Mais adiante (p. 143), Powys ouve ainda no canto do melro, acentuando seu parentesco com a água, "essa cascata melodiosa de notas líquidas, frescas e trêmulas [que parece] querer secar".

Se não houvesse nas vozes da natureza semelhantes redobramentos das onomatopéias, se a água que cai não reproduzisse os tons do melro cantor, parece que não poderíamos ouvir *poeticamente* as vozes naturais. A arte tem necessidade de instruir-se sobre reflexos, a música tem necessidade de instruir-se sobre ecos. É imitando que se inventa. Acreditamos seguir o real e o traduzimos humanamente. Imitando o rio, o melro projeta também um pouco mais de pureza. O fato de Wolf Solent ser precisamente vítima de uma imitação e de o melro ouvido na folhagem acima do rio ser a voz límpida da bela Gerda só faz infundir mais sentido ao mimetismo dos sons naturais.

Tudo é eco no Universo. Se os pássaros são, na opinião de certos lingüistas sonhadores, os primeiros fonadores que inspiraram os homens, eles próprios imitaram as vozes da natureza. Quinet, que por tanto tempo escutou as vozes da Borgonha e de Bresse, reencontra "o marulho das margens no grasnar dos pássaros aquáticos, o coaxar da rã no estertor da água, o assobio do caniço no pisco, o grito da tempestade no alcatraz". Onde os pássaros da noite aprenderam os sons trêmulos, arrepiados, semelhantes à repercussão de um eco subterrâneo nas ruínas? "Assim, todos os tons da natureza morta ou animada têm seu eco e sua consonância na natureza viva." [12]

---

12.   *At liquidas avium voces imitarier ore*
      Ante fuit multo quam laevia carmina cantu.
      Concelebrare homines possent, auresque juvant.

      Lucrécio, livro V, v. 1.378

Armand Salacrou [13] reencontra também o parentesco eufônico do melro e do riacho. Depois de ter observado que os pássaros marinhos não cantam, Armand Salacrou se pergunta a que acaso se devem os cantos das nossas matas: "Conheci", diz ele, "um melro criado perto de um pântano que misturava a suas melodias vozes roucas e entrecortadas. Cantava ele para as rãs? ou era vítima de uma obsessão?" A água também é uma vasta unidade. Ela harmoniza os sinos do sapo e do melro. Pelo menos um ouvido poetizado leva à unidade vozes discordantes quando se submete ao canto da água como a um som fundamental.

O riacho, o rio, a cascata têm pois um falar que os homens compreendem naturalmente. Como diz Wordsworth, "uma música de humanidade":

> *The still, sad music of humanity.*
>
> Lyrical Ballads

Como vozes escutadas com uma simpatia tão fundamental não seriam vozes proféticas? Para devolver às coisas seu valor oracular, será preciso escutá-las de perto ou de longe? Será preciso que elas nos hipnotizem ou será preciso contemplá-las? Dois grandes movimentos do imaginário nascem perto dos objetos: todos os corpos da natureza produzem gigantes e anões, o rumor das ondas enche a imensidade do céu ou o interior de uma concha. São esses dois movimentos que a imaginação viva deve viver. Ela ouve apenas as vozes que se aproximam ou as vozes que se afastam. Quem escuta as coisas sabe bem que elas vão falar demasiado forte ou demasiado suavemente. É preciso empenhar-se em ouvi-las. Já a cascata ribomba ou o riacho balbucia. A imaginação é um sonoplasta, deve amplificar ou abafar. Depois que a imaginação se torna senhora das correspondências dinâmicas, *as imagens falam realmente*. Compreenderemos essa correspondência das imagens com o som se meditarmos "estes versos sutis em que uma jovem, inclinada sobre o regato, sente passar em seus traços *a beleza que nasce do som murmurante*":

> *And beauty born of murmuring sound*
> *Shall pass into her face.*
>
> WORDSWORTH, *Three years she grew*

---

13. Armand Salacrou, "Le mille têtes", in *Le théâtre élizabéthain*, ed. José Corti, p. 121.

Essas correspondências das imagens com a palavra são as correspondências realmente salutares. O consolo de um psiquismo doloroso, de um psiquismo enlouquecido, de um psiquismo esvaziado será facilitado pelo frescor do regato ou do rio. Mas será preciso que esse frescor seja *falado*. Será preciso que o ser infeliz fale ao rio.

Vinde, ó meus amigos, na clara manhã, cantar as vogais do regato! Onde está nosso primeiro sofrimento? É que hesitamos em dizer... Ele nasceu nas horas em que acumulamos em nós coisas caladas. O regato vos ensinará a falar ainda assim, apesar das dores e das lembranças, ele vos ensinará a euforia pelo eufuísmo, a energia pelo poema. Ele vos repetirá, a cada instante, alguma palavra bela e redonda que rola sobre as pedras.

Dijon, 23 de agosto de 1941